ラクにのがれる護身術

非力な人でも

気弱な人でも

とっさに使える自己防衛36

国際護身武道連盟 代表理事／剣護身術 代表

ヒーロ黒木

青春出版社

はじめに

今でもふと思い出すことがあります。40年前の中学1年生のときのことを。

放課後、私は教室の壁を背にして数人の男子生徒に囲まれていました。1人が私の胸ぐらを掴《つか》み、「おまえが気に入らないんだよ」と言いました。そして顔を殴られました。周りを見渡せば、遠巻きにその様子を見ている生徒たちもいます。しかし誰も助けてくれそうにありません。私は恐怖のあまり身体が硬直し、殴られるのを耐えるしかありませんでした。

そんなことがほぼ毎日……。放課後に呼び出されるたびに「またか」と、何も抵抗できず、彼らの言葉にただ従うしかない自分がいました。

また、下校中によく待ち伏せされました。運悪く捕まれば、人がいないところに連れていかれ、脅され、殴られ、蹴られました。だから、下校のとき、彼らに見つからないよう、五感を研《と》ぎ澄ましながら忍者のごとく帰っていたのを覚えています。

そんな日々でも私は休まずに学校に通い続けました。それが私にできた「唯一の抵抗」

だったからです。

しかし、何も変わらない日々が続き、1年後、「このままではダメだ。誰も助けてくれないなら自分が強くなるしかない！」と決意し、中学2年生で武道の世界に飛び込んだのです。それが私の武道人生の始まりとなりました。

私は「ヒーロ黒木」と言います。この名前を聞くと、多くの人が「？」になります。この変わった名前、その由来は、私の本名「博文」からきていますが、もう一つは、〝ヒーロー修行中〟を意味しています。いつかは「ヒーロー」になりたい。そんな夢を胸に、日々活動しているのです。

今では全国規模の団体、剣護身術《つるぎごしんじゅつ》の代表を務め、1万人を超える人々に護身術を指導してきました。そのような大勢の人々を指導するなかで、さまざまな人々に出会うことになりました。

「会社でパワハラにあっている」「恋人や配偶者からDVを受けている」「特に理由もなくチンピラにからまれる」「社内でいつも損な役回りをさせられる」「職場で仲間はずれにされる」「気が弱くて自分の意見を言えない」そんな人々が数多くいました。

彼らと話をすると「どんなに頑張っても強くなれる気がしない」「自分に自信が持てない」と言います。

まさに彼らは、いじめを受けていた「あのときの私そのもの」だったのです。

かつて、いじめに遭う日々を送り、内気で気弱な性格だった私は、中学生のときから鍛えてきた心技体を活かして、2010年から社会貢献を目指して全国で護身術セミナーを（無謀にも）開始しました。

その当時、私はまだ無名だったため、邪《よこしま》な考えを持つ人も参加してきて、技の解説中にいきなり掴みかかってくる人もいれば、「私の技を受けられますか？」と突然攻撃してくる人もいました。ほとんどは、気迫のある強烈な技を見せて、そのような行動をさせないよう抑えていましたが、それでも、毎回ピリピリして神経をすり減らし、セミナーの3日前には緊張で体調を崩していました。

そんななか、さまざまな猛者《もさ》と渡り合い、全国規模の護身術団体を築くことができたのです。その過程で、「困難に立ち向かう強さ」「しなやかで折れない心」を得ることができました。

それは「気弱な人間だからこそ強くなれる方法」でもあります。その強さとは、相手を圧倒し、なぎ倒すような強さではありません。**「困難な状況でしぶとく生き延びる、決して折れないしなやかな強さ」**です。

その方法を護身術指導に盛り込むようになったのは、「いじめを受けていた当時の私」を思い出させた彼らとの出会いが影響しているように思います。

今では「危険な目に遭っても対処できる自信が生まれました」「自分の意見を言えるようになりました」「ちょっとしたことでは動じなくなりました」「気力で負けない自分になりました」など、自己変革できた喜びの声を日々いただくようになりました。

本当に自分のことのように嬉しく思います。剣護身術を立ち上げて本当に良かった！

しかし、内閣府の「我が国と諸外国の若者の意識に関する調査」（平成30年度）によると、半分以上の日本人が「自分に自信を持てない」という現実があります。

このような状況下で、自分や大切な家族が危険な目に遭った際、立ち向かう勇気を奮い起こせるのだろうか？　自分や家族を何としても護《まも》るという気概を持てるのだろうか？

凶悪事件が頻発している昨今、心配が募るばかりです。

私が本書を書こうと思ったきっかけがここにあります。

第1章では、多くの人を誤解させ、自信を奪ってきた、世間に流布《るふ》している「誤った強さ」について述べています。

第2章では、その「誤った強さ」のとらわれから解放し、「真の強さ」とは何かを明らかにしています。これだけでも大きな発想の転換を促し、「あるがままの自分」を許せるようになるのではないでしょうか。

第3章では「決して折れないしなやかな強さ」を獲得するための特別なメソッドを具体的に解説しました。**護身術だからこそ**必要とされる、すぐに実践できる方法で、実際に多くの人がこのメソッドで危険な状況下で身を護れるようになりました。

第4章と第5章では、いざというときに自分自身を護り抜く「弱者のための護身術」を紹介しています。さらに、女性が現実的に使いやすい護身術も紹介しています。

全体としては、危機的状況から生還できる考え方を三つ、身を護る力を高める呼吸法を二つ、そして、実際に身の危険を感じる状況に遭遇したときに使える、さまざまな自己防衛のしかたを解説しました。紹介した技の組み合わせや、技のバリエーションも含めて、36種もの自己防衛の方法を本書のなかに凝縮しています。

巷《ちまた》に溢《あふ》れている危険な、または現実的でない護身術とは異なります。これは、私が1万人の初心者に対して実際に指導を行ってきた経験から生み出されたもので、日常生活やビジネスの場においても、トラブルを大きくすることなく、平和的に解決することができる護身術です。

本書を通じて伝えたいことは、「たとえ気が弱くても、自分に自信が持てなくても、困難に立ち向かう強さを手に入れることができる！」ということ。

この本を手に取っているあなたにその方法を伝えたい。そして、しなやかに自分らしく生きてほしい。それが私の心からの願いであり、本書がその一助となることができれば、何よりも幸いです。

ヒーロ黒木

ラクにのがれる護身術
非力な人でも気弱な人でもとっさに使える自己防衛36　目次

第2章

弱さを受け入れる者こそ強くなれる——39

【準備編】護身力を飛躍的に高める心構え

第3章

「困難に立ち向かう強さ」を手に入れる——73

【実戦編Ⅰ】自分の身を護る2つの呼吸法

第5章

非力な人でも気弱な人でも負けない方法——141

第6章 究極の護身術とは「人生の護身術」である——203

自信をもって強く生きていく方法

動画の視聴について

・本書では、読者のみなさまの理解を深めるために、動画視聴用のQRコードを載せています。
・お使いのスマートフォンにQRコードを読み込むアプリがない場合は、アプリをダウンロードしてご視聴ください。
・動画を視聴する際の通信費は、読者の方のご負担となります。
・なお、本サービスは予告なく終了する場合がございます。あらかじめご了承ください。

撮影協力／稲永俊一　彩綴まり　木村竜也　本文デザイン／鷹觜麻衣子　DTP／キャップス

第1章

99%の人が「強さ」を勘違いしている

護身術を身につける前に
知っておくべき大切なこと

「強さ」を探し求めてきた人生

私は中学2年生のとき、いじめに立ち向かうために武道の道を選びました。それから修行に没頭していき、高校生になる頃には、目つきや身体つきもずいぶん変わって、いじめも自然消滅していました。身体能力はかなり高く、体育の1500m走では、クラスの運動部員がまったく追いつけないほどにダントツの一番でした。

そして、高校2年生のある日、「ランボー2」という映画を観に行きました。まったく予備知識を持っていなかったのですが、孤高の戦士の姿、美しく鍛え抜かれた肉体に感動し、私の進路がその瞬間に決まりました。もちろん陸上自衛隊です。それから高校を卒業し、そのまま自衛隊に入隊しました。

自衛隊はまさに別世界でした。質素で広々とした空間には、鉄製の2段ベッドが整然と並び、各地から逞《たくま》しそうな男たちが集まっていました。到着してから私服はすぐに実家へと送り返され、自衛隊から支給された作業服に着替えました。そんな一連の出来事に、緊張で胃がギュッと締め付けられました。

しかし、そのような不安を抱く余裕さえ与えないほど、教育隊の訓練は厳しいものでした。朝の起床ラッパとともに飛び起き、作業服に着替え、全力でグランドに集合します。その間、1、2分。一番遅れて集まった班は腕立て伏せを命じられます。

戦闘訓練では、小銃を抱えて泥だらけになりながら演習場を駆けずり回りました。他には体力検定、射撃訓練、行進訓練、催涙ガス体験訓練、手りゅう弾投擲《とうてき》訓練、格闘訓練など、実にさまざまな訓練が行われました。

そんな厳しい日々でもしっかり順応してきた私は、教育隊の訓練の合間に、自分自身の鍛錬も徹底的に行いました。

おもしろいことに、常に自分の鍛錬を怠らず、全力で訓練に取り組む私は、「ランボー黒木」と教官から呼ばれるようになりました。そうして3カ月間の前期教育を終え、同じく3カ月間の後期教育が終わる頃、教育隊110名のなかで私が首席に選ばれたのです。

その後、精鋭部隊である情報小隊に配属されました。しかし、教育隊のように連日の訓練ではなくなったこともあり、徐々に物足りなさも感じていきました。そして、1任期（約2年）が経過した頃、私は自衛隊を除隊したのです。

その後、自衛隊で出会った2人の仲間とともに、滝行を始めとする本格的な修行に入りました。

実は、山籠もりの初日、一生心に刻まれる出来事が起きました。テントの設営を終えて、2人の仲間と焼酎を酌み交わしているときのことです。突如、テントの外から猿の威嚇する声が聞こえてきました。その数、なんと数十匹。

「猿の集団に囲まれた！」私たちのなかに緊張が走りました。この数に襲われれば、私たちが助かる可能性はほぼゼロだと思いました。テントを設営した場所は、猿の縄張りのど真ん中だったのです。

すると、1匹の猿が近寄ってきました。私の五感は鋭く研ぎ澄まされていたのか、テント内から外が見えないにもかかわらず、すぐに「ボス猿だ」と気づきました。このボス猿が合図を出せば、いっせいに猿たちが襲ってきます。ボス猿と対峙する、永遠とも思える時間。しばらくしてボス猿が去っていくのに気づきました。そして、テントを囲っていた猿たちもいなくなったのです。

翌朝、不思議なことに気づきました。

「助かった!?」命拾いをした私たちは、疲れが襲ってきて眠りにつきました。

翌朝、不思議なことに気づきました。普段は人間の前に決して姿を現さないはずの猿たちが、我々の前に姿を現していたのです。さらに、近辺では猿による農作物への被害が問題になっていましたが、我々のテントや食料が荒らされることはありませんでした。

どうやら、私たちはボス猿に認められ、彼らの客人（?）として猿社会に受け入れられたようなのです。その後、山籠もりに没頭しました。山道を走り、突き蹴りをし、サンドバッグを叩き、木に拳《こぶし》を打ち付け、それからウエイトトレーニング、拳立て伏せ、ヒンズースクワットなど、限界に挑戦しました。まさに「食う・寝る・トイレ」以外は修行です。

やがて、台風の影響もあってテントが使えなくなったため、私たちは山を下りましたが、まるで夢のような猿社会での修行が私の記憶に残ることとなりました。

山を下りてからは、さまざまな空手の大会に出場しました。技も荒く、がむしゃらな空手でしたが、正道会館の九州オープン大会に出場したときには、2人の黒帯に勝ち、上位に食い込みました。その後、正道会館の大分県支部長に誘われて入門。入門後、半年で九州新人戦の重量級で優勝し、頭角を現し始めました。「スター選手になれる」と言われたりもしましたが、1年ほどして正道会館から足が遠のいていきました。決して嫌だったわけではなく、当時の私にはやりたいことがたくさんあったのです。

それから数年間の空白期間を経て、20代後半に空手の稽古を再開し、30歳を迎える頃、大東流合気柔術に出会いました。

衝撃だったのは、それまで相手と正面からぶつかり、倒すことが武道だと思ってきた私の思い込みが根底から覆《くつがえ》されたことです。合気柔術は私の想像の斜め上をいっており、まさに「目からウロコ」の連続でした。私はますます合気柔術にハマり、段位を取得していきました。

そして、2008年6月、秋葉原通り魔事件が起きて、私は護身術を指導することになったのです。中学2年から武道を始めて25年が過ぎていました。

振り返ってみると、「強さ」を探し求めてきた人生でした。長い間いじめに遭い、弱さを痛感してきた私だったからこそ、その反動で「強さ」を追求し続けることに25年を捧げました。

その旅路で出会った「合気」という世界。それが私の思い込みを取り去り、「真の強さとは何か」を気づかせるきっかけを与えてくれたのです。

「真の強さ」は意外なところにあった

実は、合気柔術に入門してから1、2年は、空手とウエイトトレーニングを並行しながら稽古していました。「空手と合気柔術を合体させれば、新しい武道が生まれるのでは？」と思っていたからです。

しかし、その考え方はまったく通用しませんでした。いや、むしろ、マイナスにさえなっていたのです。どんなにパワーを増やしても、どんなにスピードを速くしても、私より明らかに身体能力が劣る相手に対してさえ、自分の技が通用しない。何か大切な要素が欠けているように感じました。そして、それがいったい何なのかが見えず、悶々とした日々が続いたのです。

そんなある日、師が「どうして真っすぐにいくんですか？　斜めにいけばいいじゃないですか」と私に言いました。要するに正面からぶつかりにいかず、力をまともに受けないように技を使えばいいじゃないか、というアドバイスでした。

何気ない言葉のようで、実は深い意味のあるアドバイスは「一転語《いってんご》」となり、私の武道観がガラガラと壊れるのを感じました。今までは相手に正面からぶつかり、倒すことが武道だと思っていたからです。「目から鱗が落ちる」とはこのことを言うのでしょうか。それは合気柔術に出会ってから2年が過ぎた頃でした。

アドバイスを受けた私は、戦いの発想を180度変えました。さらに空手とウエイトトレーニングをいっさいやめ、師から教えてもらった鍛錬法をすべてやることにしました。そのおかげで、身体感覚や動きが変わり、合気柔術が上達していったのです。

以前の私が考えていた「強さ」というのは、【自分の総合力（身長・体重・筋力・瞬発力・スタミナ・技術力・反応速度・メンタルの強さ・経験量・勝負勘・勝負運など）】と【相手の総合力】のどちらが上かを競う単純なものでした。

これは格闘技の世界に長くいたことが原因です。格闘技では、基本的に一対一で勝負します。ルールや規則もあり、素手、道着、使用できる技、戦う場所など、すべてが事前に定められた同じ条件のもとで、どちらが優れているかを競うのです。

ところが合気柔術にはそのような発想がありません。先ほどの考え方が当てはまらないのです。

もともと戦場を舞台とした技術であるため、明確なルールは存在せず、また、環境は絶えず変動し、ときには極めて厳しく不利な状況で戦うことも少なくありません。さらに、相手と一対一であるとは限らず、刀などの武器で攻撃される可能性も常に想定しているからです。

つまり、「一対一で勝つこと」にこだわっていたら、あっという間に命は奪われ、生き延びることができないのです。何をもって「強さ」とするのか？　それを根本的に考え直す必要がありました。

もし、ナイフを手にした相手が現れたら？　銃を持った相手が向かってきたら？　あるいは相手が集団だったら？　そんな状況で「相手に勝つこと」は考えないのではないでしょうか。我々が選択すべきは、「最後まで生き残ること」です。「最後まで生き残ること」を「強さ」と捉えれば、「一対一で相手に勝つこと」に固執するのはあまり意味がないことに気づきます。

つまり、相手を圧倒する鉄のような強さではなく、時々刻々と変化する状況にも適応し、自由に変化できる「しなやかさ」や「柔軟性」が必要になってくるのです。

私はこの発想によって、世間に流布している「強さ」の呪縛から徐々に解放されていきました。「真の強さ」への扉を開く鍵となったのです。

この考え方に通じるのが「護身術」です。護身術はまさに「生き抜く術《すべ》」であり、そのために「しなやかさ」や「柔軟性」が要求されます。

私の主戦場が、合気柔術から護身術へとシフトしていったのは、ごく自然な流れだったと言えます。

世の中の99%の人が強くなれない理由

ここまで読んでいただければ、世の中の99%の人が強くなれない理由も見えてくるのではないでしょうか。つまり、多くの人が「目指すべき方向」を誤解しているからです。

格闘技を例にとるとイメージしやすいでしょう。お互いが同じ土俵で、同じ条件で戦えば、総合力の大きいほうが勝ちます。単純な理由です。しかし、その戦い方をすべての人が目指したらどうなるでしょうか？　常に他人を意識し、他人よりも身体を鍛え、他人よりも技術を向上させなければなりません。それでも、自分より強い人は世の中に数えきれないほどいます。

私は空手をやっていましたから、その厳しさがよくわかります。一対一の戦いで勝ち続けるには、相手の攻撃を跳ね返す「鉄のような強さ」が要求されます。しかし、そんな強さを手に入れられる人は「ほんの一握り」なのです。当時の私は物凄い量の稽古をしていましたし、生まれつき身体が強かったことも幸いしました。それに、怪我をしても、骨折しても、「これでもっと強くなれる」と思えるほどにハイレベルの変わり者でした。また、運も味方しました。だから、人より強くなれましたし、戦績もそれなりに残せました。

さらに、相手の攻撃を跳ね返す「鉄のような強さ」は才能に大きく左右されます。単純に総合力を競い合う戦いなので、生まれつきの身長、体重、骨格、筋肉量、運動神経なども大きく影響します。私は体格に恵まれておらず、自分より身長で20センチ以上、体重で20キロ以上も大きい相手と戦うのは本当に大変でした。相手の突きや蹴りをいくつも被弾し、身体を削りながらなんとか戦っていたのです。

現在の年齢では、もはや同じことはできません。つまり、年齢とともに「鉄のような強さ」は確実に失われていくのです。

このような強さをいったいどれだけの人が追求し続けられるでしょうか。きっとほとんどの人が途中で挫折することになります。相手の攻撃を跳ね返す「鉄のような強さ」を手に入れるためには、他人を上回る努力をしなければいけませんし、厳しい戦いによって怪我など多くの犠牲も強いられるからです。

では、この発想を護身術に適用したらどうなるでしょうか？　もし自分より体格の大きな相手から襲撃を受けた場合でも、わざわざ正面からぶつかって抵抗しようとするでしょう。すると、ほとんどの人が身を護ることが困難になると思われます。

このように、相手の攻撃を跳ね返す「鉄のような強さ」が「真の強さ」だと多くの人に刷り込まれているため、「心の強さ」や「人間的な強さ」においても、同じような強さを求めてしまうのです。

それにより、さまざまなストレスを鉄のように跳ね返そうと努力し、その結果、心が折れて自信を失うか、心が病んでしまうのです。

世の中の99％の人が強くなれない理由がここにあります。それゆえに、「強さの定義」を見直す必要があるのではないでしょうか。

話をわかりやすくするために、格闘技を例に出しましたが、決して否定しているわけではありません。私自身、格闘技が好きですし、多くの人に勇気を与え、耐えること、努力することの素晴らしさを教えてくれます。それに、体力もアップし、健康にもなります。身も心も強くなることができるので、趣味として取り組むのは非常に価値があると思います。

格闘技ブームに影響された私たち

私が空手をしていた１９９０年代は、Ｋ－１やＰＲＩＤＥといった格闘技イベントが流行し、格闘技ブームが巻き起こっていました。格闘技がテレビ中継され、プロの格闘家が著名なスポーツ選手と同じくらいの人気を博し、テレビコマーシャルに起用されるという時代だったのです。当時の熱狂は今でも覚えています。

現在はYouTubeの普及により、有名選手同士のドリームマッチが気軽に観られるようになり、さらに選手とファンが直接交流できる環境が整ってきたことで、格闘技の盛り上がりは当時をさらに凌駕しているように感じます。剣護身術の東京本部スタッフのなかでもYouTubeの格闘技動画や格闘技イベントが話題になることがあります。こうした身近なところでも話題になるなら、どれだけの人が関心を寄せているかが容易に想像できます。格闘技動画の再生回数の伸びもすごい勢いです。これだけブームになれば、相当な影響を多くの人の心に与えるのではないでしょうか。

また、格闘漫画も部数をかなり伸ばしています。作品ごとに異なる独自のストーリー、個性豊かな主人公とライバル、そして敵キャラクター。

しかしながら、最終的には「一対一の戦いでどちらが強いか」に落ち着きます。格闘漫画が嫌いなわけではないのですが、「どちらが強いか」という単純な戦いに行き着くと飽きてしまい、読むのをやめてしまいます。まあ、私の話はさておいて。

どちらにせよ、多くの人が「相手の攻撃を跳ね返す鉄のような強さ」を「真の強さ」と思い込んでしまう原因の一つに、現代の格闘技イベントや格闘漫画がかなり影響しているように思われます。

「他人より強くなければならない」
「戦って勝たなければならない」
「戦いから逃げてはいけない」
「決して後ろに下がってはいけない」
「鉄のように跳ね返さなければならない」

そうしたイメージが、多くの人々の心に強く刷り込まれているのではないでしょうか。

さらに、護身術の分野でも格闘技の影響が見受けられます。多くの護身術が格闘技の延長のようになり、「相手と戦って勝つこと」が最終目標になってしまっています。「相手に勝たなければいけない」という固定観念が、指導者の頭の中に刷り込まれていることが原因だと言えるでしょう。

誤った「強さ」の定義がもたらす問題

本書では、「真の強さ」をテーマにしていますが、その強さは、フィジカルや護身術の技術など、物理的な強さだけではなく、「心の強さ」も大切な要素として扱っています。

なぜなら、危機的な状況から生還するためには、護身術の技術だけではなく、困難に立ち向かう「しなやかで折れない心」も持ち合わせなければならないからです。

しかし、大多数の人が強さを誤解し、「ストレスを跳ね返す鉄のような強さ」を求めてしまっています。残念ながら、ほとんどの人は鉄のように強くはなれません。その結果、無理をしてしまい、自分を限界まで追い込んでしまいます。そして、心が折れて自信を失うか、心が病んでしまうのです。

私が本書を書こうと思ったきっかけは、そういう人々に、「真の強さ」とは、どのようなものかを知ってもらい、あるがままの自分を許し、自信を取り戻してほしかったからです。

具体的な例として、剣護身術に来て2年になるFさんがいます。Fさんは職場で集中的にパワハラを受けることが多く、そんな自分を変えるべく剣護身術に入会しました。今では、「しなやかな強さ」を身につけることができ、優しい性格でありながらも、自分の意思を強く伝えられるようになりました。結果として、パワハラの対象にならなくなったそうです。

このような「真の強さ」を理解するためには、私たちが長年にわたり刷り込まれてきた「誤った強さ」がどのような社会問題を引き起こしているのかについても理解することが必要です。ここから専門的な話をしますが、ご自身の問題として捉えてもらい、「誤った強さ」から脱却することの重要性を感じてもらえたら幸いです。

そして、「真の強さ」を身につけていくことが、物理的に身を護るだけではなく、人生においても自分自身を護り、自分自身を助けてくれる「人生の護身術」になるのだと知ってほしいです。

今日、コロナパンデミック、戦争、そしてテクノロジーの急速な進展など、社会は激しく変化し、予測不能な時代を迎えています。その結果、多くの人々がかつてないほどのストレスにさらされています。

厚生労働省の「事業場におけるメンタルヘルス対策の取組事例集」（２０２０年3月）によると、仕事や職業生活に関する強いストレスを感じる労働者の割合は近年、50％以上で推移しています。また、業務による心理的負荷を原因とする精神障害等による労災申請件数は増加傾向にあり、近年、認定件数は年４００件以上となっている等、職場におけるメンタルヘルス対策が重要な課題となっています。

このような状況下で、「ストレスを跳ね返す鉄のような強さ」を多くの人々が「真の強さ」と誤解してしまい、結果として深刻な社会問題がさらに悪化する事態を引き起こしているのではと私は感じています。

たとえば、職場環境ではストレスに強いことがしばしば求められます。厳しい業績目標、クレーム対応、残業など、職場は常にストレスを生み出す環境にあり、そのなかで、「不屈の精神」でストレスに立ち向かうことが期待されています。しかし、どんなにストレスに耐えようとも、心身ともに疲弊し、やがて限界を超えてしまうと、メンタル不調に陥ることが避けられなくなります。

加えて、メンタル不調に陥った人々が、組織から「弱者」とみなされ、排除の対象になりやすいという問題も存在します。その根底には、「強ければ善」「弱ければ悪」という単純な価値判断が隠れていると考えられます。

さらに問題なのは、メンタル不調に陥った本人自身が、自分を戦線離脱してしまった負け犬のように感じ、恥ずかしいことだと責めてしまうことです。これも「強ければ善」「弱ければ悪」という価値判断で自分を見てしまうことに原因があると思われます。

このように、問題から目を背ける風潮が存在する限り、人々は自分の心理的な不調を隠し続け、限界を超えてまで働くという状況を生むことになります。結果的に、メンタル不調を一層悪化させる悪循環を引き起こすことになるのです。

一部の企業では、メンタル不調者へのサポート体制が整っており、医師の紹介、業務の負担軽減、休職制度の導入、そして復職後のサポートなど多岐にわたる取り組みが行われています。これらの努力は一見すれば評価に値するものであり、確かに個々の従業員が直面する困難に対する一定の救済策ともなっています。

しかし、こうした対策はあくまで対処療法的なものであり、問題の根本解決には至らないと私は感じています。なぜなら、これらの措置は既にメンタル不調に陥ってしまった人々のためのものである一方で、その原因となる過度なストレスや、ストレスに打ち勝つことを求める働き方そのものに対する見直しはなされていないからです。

したがって、我々が必要としているのは、職場におけるメンタルヘルス対策を推進するだけでなく、限界を超えてまでストレスに耐え、打ち勝つという風潮そのものに対して、新たな「強さ」の価値基準を提示し、社会全体でその見直しを図ることです。私は、これが現代社会の深刻な問題に立ち向かうための第一歩であると信じています。

勝ち続けられる人なんて、どこにもいない

以上、さまざまな視点から、世間で流布している「誤った強さ」の問題点について斬りこんできました。

「攻撃やストレスを跳ね返す鉄のような強さ」——このような強さを求める根底には、「相手（ストレス）に勝つこと」が唯一の解とされている考え方が存在します。しかし、このような戦い方ができるのは、一部の強者《きょうしゃ》たちだけであり、大多数の人々は、心身を削り続け、最終的には敗北する運命に立たされているのです。

護身術の視点で考えてみましょう。護身術は「生き抜く術」であり、生還することを至上命題とします。しかし、多くの護身術が「相手と戦って勝つこと」を目的にしてしまいます。我々はそれを「勝つための戦い」と呼んでいます。

この「勝つための戦い」にはいくつかの問題点があります。

一つは、「勝つための戦い」で生還できるのは、圧倒的な強者のみとなります。なぜなら、この戦い方では、相手より自分のほうが強ければ勝ちますが、運悪く自分より相手のほうが強ければ、自分は負けてしまいます。

つまり、「勝つための戦い」は、必ずどちらかが勝ち、どちらかが負けることになるのです。勝率は50対50です。これほどリスクの高い戦い方が護身術に適していると言えるでしょうか？　試合では厳密なルールや規則があり、レフェリーもいれば、命の安全はほぼ保証されています。負けても、また再戦する機会があります。しかし、護身術を行使しなければならない状況では、そのようなルールや規則もなく、レフェリーも存在しません。その「負け」は致命的な結果を招き、最悪の場合、命を失う可能性があるのです。つまり、再戦はありません。

もう一つの問題点は、「勝つための戦い」で勝ち続けられる強者というのは本当に存在するのか、という疑問です。

前述したように、護身術は戦場に通じるところがあり、格闘技のように相手が1人とは限りません。ナイフや銃を携帯した人や、集団で襲われる可能性も否定できません。

また、試合場や稽古場のように、整備された環境ではなく、厳しい環境で戦うことも想定しなければなりません。そのような状況で常に相手と戦い、勝ち続けられるのは、漫画や映画ならまだしも、現実的には難しいと言えます。

私は自衛隊時代、演習中に「死亡」した経験があります。私が所属していた情報小隊は偵察部隊として、敵のすぐそばまで近づき、連隊に敵部隊の情報を伝達する役割を果たします。そのため、常に危険と隣り合わせでした。ある演習中に、少数の班で偵察していたところ、近づきすぎたために発見されてしまい、後方から銃撃を受けました（もちろん空砲です）。そのため、脱出を図ろうと強行突破したのですが、前方からも銃撃を受けてしまいました。我々はいつの間にか、敵に包囲されていたのです。そして、無線で「死亡」と伝えられ、演習上で死亡したことになりました。

そのときの上司の一言が「これはランボーでも死ぬな」でした。苦い思い出ですが、ランボーのようにどんなに個人の力が強くても、敵の戦力（数、小火器、重火器）、厳しい環境など、さまざまな要素が複雑に絡み合う状況においては、個人の力はほとんど通用しません。つまり、「勝つか負けるか」といったことを考えること自体が、ナンセンスなのです。

そこで必要なのは、「攻撃を跳ね返す鉄のような強さ」ではなく、状況に適応し、常に変化できる「しなやかさ」や「柔軟性」であり、しぶとく生き延びようとする「粘り強さ」なのです。

第1章では、大多数の人が勘違いしている「誤った強さ」についてさまざまな角度から考察してきました。では、「真の強さ」とは、どのようなものなのでしょうか？　それを第2章で詳しく解説します。

第2章を読んだ後、きっとあなたは「誤った強さ」から解放され、あるがままの自分を許せるようになるかもしれません。引き続きお読みいただけますと幸いです。

第2章

弱さを受け入れる者こそ強くなれる

準備編
護身力を飛躍的に高める心構え

「相手に勝ちたい」という欲から「真の強さ」は生まれない

第1章では、**状況に適応し、常に変化できる「しなやかさ」や「柔軟性」と、しぶとく生き延びようとする「粘り強さ」が、「真の強さ」に繋がることを述べました。**

合気柔術は、「こうでなければならない」という、思い込みや固定観念による弊害を教えてくれました。しかし、合気柔術が教えてくれたのは、これだけではないのです。

私より身体能力の劣る相手に、なかなか技が通用せず、苦労した話を前述しましたが、その原因はもう一つありました。

それは、空手の試合の癖で「相手を倒してやろう」「なんとかしてやろう」という欲が前面に出てしまい、力に任せて技をかけることが原因でした。そのため無理な力に相手が痛みを感じて嫌な気持ちにさせ、抵抗されてしまうからです。

このような発想は、なかなか理解できないかもしれません。多くの人が武道や格闘技とは「相手と正面からぶつかり倒すもの」という認識が強いからです。私も最初はそのような先入観から抜け出すことができませんでした。

相手に勝とうとする欲が、物理的な技術に影響を与えるということさえ想像していませんでした。まさか、自分自身の欲が、自分の技の邪魔をしているとは思いもよらなかったのです。そのことに気づくのにしばらくかかりました。

このように考え方や発想が、相手への〝触れ方ひとつ〟にも、実は影響を与えるのです。この発見は、私に新たな視点を与えてくれました。

それは「調和」です。私はそこに「強さ」のもう一つの側面を見出しました。

つまり、**「相手を倒す」のではなく、「相手と調和し、ごくごく自然な動きで、望む方向へと導いていくこと」、これも合気の要素の一つとして大切なものなのです。**

「合気上げ」からそれを学ぶこともできます。

　ここでは技術的な説明は省きますが、合気上げとは、床に座った状態で両手首を相手に押さえてもらい、その手を上げる鍛錬です。この押さえられた手を無理に上げようとすると、相手は動きに反応してさらに力を込めてくるため、お互いの力がぶつかってしまい、なかなか上げることができません（1）。

　逆に、押さえられた手をごく自然に動かし、相手の腕と自分の腕を連結させ（調和し）、自然な動きで手を上げていくと、不思議なことに抵抗されることなく手を上げることができます。この動きは「相手を導く」という表現が合っています（2）。

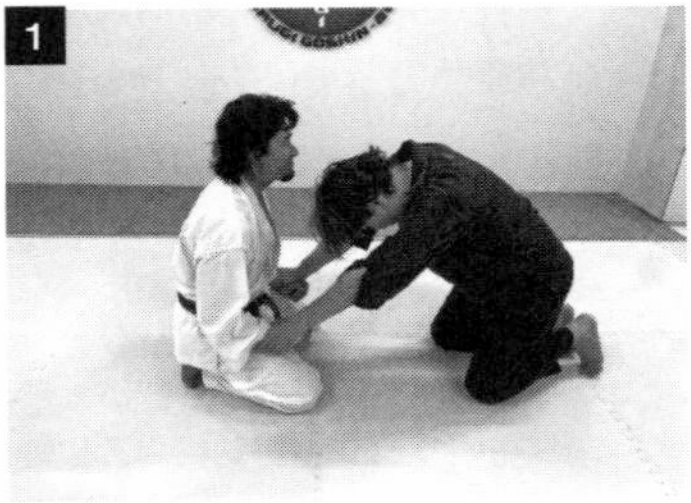

このようにすべての技が、自分にとって自然な動きで行うことができれば、同じ人間である相手にとっても違和感のない自然な動きとなり、相手は動きに反応ができずに技がかかるのです。いや、反応ができないというよりも、**嫌な気持ちがしないため、導かれるままに動いてしまう**、と言ったほうがいいかもしれません。相手と戦うのではなく、「調和」するだけでこれだけのことが起きるのです。

また、相手の攻撃に対していっさい抵抗せず、攻撃力のベクトルを変えて、相手を崩し、投げる力に変換することも技がかかる理由の一つです。攻撃力のベクトルを変えるだけなら半分以下の力で可能です。これも無理のない自然な動きとなります。

ここには「相手を倒してやろう」「なんとかしてやろう」という欲も、相手を上回るパワーも必要ありません。もちろん基本的な鍛錬は必要です。

つまり、相手に勝とうとする欲はかえって邪魔になってしまうのです。

これが顕著に現れるのが、格闘技経験のある男性と、一般女性が合気柔術の稽古をしたときの違いです。剣護身術東京本部では、合気柔術クラスもあり、さまざまなバックボーンを持った会員が稽古に励んでいます。

そのなかで、格闘技経験のある男性は、「勝利への欲」が抜けきらないことが多く、なかなか技がかからずに苦労します。つい余計な力を入れて無理やり技をかけようとするため、それが不自然な動きとなって相手に抵抗されてしまうからです。

ところが、女性は男性のような力がないため、「力で勝負する」という発想がもともとありません。それが功を奏するのか、男性よりも技がよくかかり、上達も早いです。そして、自分より一回りも二回りも体格で上回る男性を投げ飛ばしてしまうこともあります。

逆に、勝利への欲が抜けきらない男性の技は、女性にかかりません。女性は繊細な感覚を持っている人が多いため、男性の強引な動きに素早く反応して、身体がこわばるか、逃げてしまうからです。

この辺に「真の強さ」に通じる秘訣があるように感じないでしょうか。

「臆病な自分」を恥じる必要はありません

先ほどの合気柔術の例では、力で男性に勝てないことを自覚している女性は、そもそも「力で勝負しようとしない」という話をしました。これは、「自分の弱さを受け入れている」からこそできることではないでしょうか。

自分の弱さを受け入れることができれば、「臆病な自分」を受け入れることもできます。これはとても重要な視点です。

人は臆病であることにネガティブなイメージを持ってしまいます。それゆえ、「臆病な自分」に気づいたとき、人はショックを受け、己を恥じ、自分を責めてしまうのです。

臆病であることが、そんなに恥ずかしいことでしょうか？

格闘技では、勇敢さや勝利への意欲が求められます。しかし、予測不能な危機的状況のなか、自分の身を護り、無事に生還するためには、勇敢さだけではなく、「臆病さ」も重要な役割を果たしてくれるのです。

勇猛果敢に行動することが、すべての状況を好転させるとは限りません。襲撃者の数がわからず、どんな武器を所持しているのかも不明な場合、勇猛果敢な行動は、かえって身を危険にさらしてしまう可能性もあります。

実際に、格闘技経験のある人物が、数人のチンピラと戦い、刃物で刺されて命を失うという事件が海外で起きています。これは「相手を倒したい」という欲が強すぎたために、勇猛果敢な行動に繋がったからです。もう少し、彼が臆病であったなら、命を失うことはなかったのではないでしょうか。

護身術に必要なのは「臆病さ」です。臆病であっていいんです。己の臆病さを恥じる必要はありません。

小説や漫画の主人公は、大きなトラブルや事件が起きても、堂々と振る舞いながら問題を解決していく姿がカッコよく描かれています。確かに魅力的で、多くの人がそんな姿に憧れるでしょう。しかし、世の中にそんな理想的な人物が実在するのでしょうか？

ビジネスの世界の話ですが、世界最大のタイヤメーカーであるブリヂストン元ＣＥＯの荒川詔四《しょうし》さんは、「リーダーにとって『臆病さ』は美徳であり、誰よりも臆病な目で世界を見つめ、すべてのリスクを想定して対応策を打ち、臆病なセンサーの感度を極限まで上げ、リスクを最小限に抑えることが重要だ」と言っています。

私はこれが正直な姿だと思います。臆病だからこそ、不確実な時代にリスクを最小限に抑え、世界的な大企業をけん引できたのです。まさに「臆病さ」は美徳なのです。

臆病であることを認めるのは「負け」ではなく、むしろ、己の臆病さを受け入れる勇気を持つ人間です。

「生き延びること」が最大の目的であるならば、臆病であっていいんです。

護身力を高める「しなやかさ」と「柔軟性」

では、「真の強さ」に繫がる、**常に変化できる「しなやかさ」や「柔軟性」**と、**しぶと**

く生き延びようとする「粘り強さ」を、さらに詳しく解説します。これらの要素は、**剣護身術に影響を与えた核心部分でもあり、弱者が危機的状況から生き延びるために必要な要素となります。**

― 常に変化できる「しなやかさ」や「柔軟性」

先ほどの、ブリヂストン元ＣＥＯの含蓄に富んだ言葉は、そのまま護身術にも当てはめることができます。

リスクを最小限に抑え、予測不能な状況から生還するためには、臆病であることが美徳となります。「鉄のように動じない自分」「堂々と振る舞うカッコいい自分」というこだわりを手放せば、護身術で「しなやかさ」や「柔軟性」を発揮した、「自由な戦術」が展開できるようになるのです。

たとえば、

・周囲を観察し、危険な状況や人物を見つけたら、迷わずその場から素早く離れるという、軽やかな行動がとれるようになる。

・怖そうな人とトラブルになったとき、自分から頭を下げて、平和的に解決する方法がとれるようになる。強がって反抗し、大きな騒ぎになることで、家族や職場に迷惑をかけることもなくなる。
・相手と接触した状態になっても、戦うという選択ではなく、優しく言葉をかけて「相手の闘争心を和《やわ》らげる」という選択もできるようになる。これは第4章で紹介する「パームガード」という技術で可能になる。
・掴みかかってきたときに、こちらも掴み返すという選択ではなく、腕を払いながら動き続け、最後には諦めさせるという選択もできるようになる。これは第5章で紹介する「剣流グラップリング」で可能になる。
・事件に巻き込まれても、英雄になろうとせず、陰に隠れ、危険が去るのを静かに待つという選択もできる。もし、家に家族がいれば、その行動は自分の身を護っただけではなく、大切な家族を護ったことにもなる。

このように「しなやかさ」や「柔軟性」を発揮して、自由な戦術を選択し、自分自身を護ることができるのは、臆病な自分をあるがままに受け入れられるからです。この考え方が、あなたの身を護る力、すなわち、「護身力《ごしんりょく》」を高めてくれるのです。

さらに、第3章の「緊急時の呼吸法」を活用すれば、あなたの「しなやかさ」や「柔軟性」は、やがて、「決して折れないしなやかな強さ」へと成長していきます。臆病であるはずのあなたが、「決して折れることのない逞しい姿」へと変化していくのです。

2 しぶとく生き延びようとする「粘り強さ」

しぶとく生き延びようとする「粘り強さ」とは、アスファルトの小さな隙間から時間をかけて少しずつ這い出てくる植物のような、したたかさを指します。この植物のように、厳しい環境にも適応しつつ自己を変化させ、困難を乗り越えて生き延びる姿なのです。

身の危険を感じる状況は、一過性のものだけでなく、継続的な嫌がらせや脅迫、ストーカー行為、いじめなども含まれます。

護身術は「生き延びる術」ですが、それは突発的な攻撃から身を護るだけではありません。**困難な状況のなかで、最後までしぶとく生き延びることも護身術と言えるのです。**

私は、元支部長に裏切られ、どん底に突き落とされた経験があります。事実無根の怪文書を撒かれ、全支部が離脱するというかなり厳しい状況に陥りました。その後もしつこく嫌がらせを受けましたが、そこから復活し、以前よりも圧倒的に大きくなることができました。

私が困難な状況から復活し、さらに大きくなることができたのは、しぶとく生き延びようとする「粘り強さ」があったからです。

では、しぶとく生き延びようとする「粘り強さ」が、どんなものなのかを3つのポイントで紹介します。

①　さまざまな人の考えを素直に受け入れる

解決の糸口が見えない状況では、自分1人の力に固執するのは危険です。もし答えが「発想の斜め上」にあるならば、その答えに気づく機会を失ってしまうからです。

アインシュタインは「いかなる問題も、それが発生したのと同じ次元で解決することはできない」と言いました。

その言葉の通り、**そのときの自分の頭の中に「答え」がなければ、自分の頭の外に答えを見出すしかありません。**であれば、自分の周りにいる人生の先輩や知恵のある友人、または専門家に答えを聞けばいいんです。自分の悩みを解決できる人に答えを聞けば、問題が一発で解決することもあります。

自分1人で努力しても超えられない壁があるならば、他の人の力を借りることも大切です。他の人と協力すれば、どんなに高い壁もすいすい乗り越えることができます。

人の力を借りられる素直さ、謙虚さ、そして感謝の心があれば、どんな状況に陥っても、したたかにしぶとく生き延びることができるのです。

② 困難な状況を迎えた際、すぐに好転しなくても、諦めずにじっくり粘り強く、小さな努力を続ける

これは「マラソンランナー」に近い発想です。

「鉄のような強さ」を求める人は、「スプリンター」のような爆発的な力を重視し、「即座に」結果を期待します。しかし、結果を焦って追い求めることは、不安やストレスを増加させ、また、無理に状況を変えようとすることで、逆に状況を悪化させる可能性があります。

たとえ困難な状況に陥ったとしても、最後まで諦めず、階段を一段一段上るように問題

解決のための粘り強い努力をしていけば、最終的に抜け出すことができます。そこに爆発的な力は必要ありません。

さらに、困難な状況を乗り越えるためには心身の鍛錬も欠かせません。第3章で紹介する2つの呼吸法は、「困難な状況を乗り越える強さ」を身につける鍛錬法です。これらの呼吸法は小さな努力で実践でき、畳半畳のスペースさえあれば取り組むことができます。ぜひ試してみてください。

③ 困難な状況のなかで、成長するための学びを深めていく

じっくりと時間をかけて耐え抜くことで、困難な状況から「深い学び」を得ることができるようになります。その状況を迎えた原因はさまざまですが、自分自身にも反省すべき点があります。

自分を静かに反省し、至らなかった点を修正することで、同じ過ちを繰り返すことを防ぎ、さらに成長することができます。**つまり、困難な状況を、自分の成長のために利用することさえ可能なのです。**

これも、即座に結果を求める「スプリンター」的な考え方では、得られないものです。

以上、常に変化できる「しなやかさ」や「柔軟性」と、しぶとく生き延びようとする「粘り強さ」について解説してきました。

特別な才能も、圧倒的な強さも、爆発的な力も必要ありません。小さな努力をコツコツと続けていけばできることばかりです。

私はこれで、身の危険を感じる厳しい環境においても、どん底に突き落とされたときも、心が折れることなく、最後まで生き延びることができましたし、むしろ、以前よりも大きくなることができました。まさに「転んでもただでは起きない」強さです。

これが**「困難な状況でしぶとく生き延びる、決して折れないしなやかな強さ」**であり、本書で言う「真の強さ」なのです。

あなたは、もう「他者に打ち勝つ強さ」を求めることも、一人ですべての重圧に耐える必要もありません。「自分の弱さ」を素直に受け入れられるあなたなら、「困難な状況でしぶとく生き延びる、決して折れないしなやかな強さ」を身につけることができます。それは「他者との勝敗」にとらわれる人々には理解できない「特別な強さ」なのです。あなたはすでに、そのスタートラインに立っています。どうか自信を持ってください。

私が護身術の第一人者と言われるようになったワケ

それでは、困難な状況のなかで「真の強さ」がいかに自分を護り、さらなる成長を促してくれるのか、私の経験を元に書いてみます。

2010年9月26日、私は東京で初めて護身術セミナーを開催しました。今では伝説のセミナーとも言われ、このセミナーが大成功を収めたことで全国展開を開始することになりました。

私が東京まで来て護身術セミナーを開催したのは、元々自信があったからではありません。当時、私の護身術マニュアルを購入した東京在住の人に、「先生から直接習いたい」とメールで強く懇願され、（自信がなくて）一度は断ったものの、それでも諦めなかったその人の想いに応えるために実施することにしたのです。私の護身術が東京でどのような評価を受けるのか、また、受け入れてもらえるのか、まったく見当がつきませんでした。

セミナー当日は、大分空港で震えるほど緊張しました。そして、飛行機に搭乗して引き返すことができなくなったため、「もうやるしかない！　ダメだったら一からやり直せばいい」と、覚悟を決めることにしたのです。

そんな私が、無謀にも全国展開を始めたのです。無名の男が、全国で護身術セミナーをすればどうなるでしょうか？　私の解説中に突然掴みかかってくるような、とんでもない人物にも出くわすことになりました。

このように強烈なストレスを感じる状況だったため、セミナーの数日前は緊張で体調を壊していましたが、それを乗り越えて、２０１０年からの2年間で１５０回以上もセミナーを実施したのです。

普通なら心が折れてもおかしくない状況で、なぜ私は１５０回以上もセミナーを実施できたのでしょうか。私が特別に強かったからでしょうか？　決してそんなことはありません。

ストレスを感じる厳しい環境のなかで、「真の強さ」を身につけ、活用していったからこそできたことなのです。

私は過酷なスケジュールのなか、参加者からのプレッシャーや挑発、さらに、突然の攻撃など、物理的かつ心理的なストレスで心身が疲弊しないように、緊急時の呼吸法をうまく活用して、圧力を受け流していきました。

そして、運営面においては、人に意見を仰ぎ、手厳しいクレームにも耳を傾け、運営方法やアプローチを積極的に変えながら粘り強く取り組んでいきました。

そうして、最後まで折れることなくやり遂げることができたのです。決して力で強引に押し通してきたわけではありません。竹のように圧力を巧みにかわし続けながら、ひたすらに自分自身のバランスを維持し続けたのです。

もし、私が「常に強くなければならない」「絶対に弱さを見せてはいけない」「自分の力だけでやり通さなければならない」という固定観念を持っていたなら、途中で心が折れてしまい、最後までやり遂げることはできなかったと思います。

この経験は私を大きく成長させ、自信を深めてくれました。その自信は、さらなる行動力を生み、学校プロジェクト（学校への出前授業）の全国展開や、自治体、企業などへの護身術講座、総合護身インストラクター養成講座の開講と、幅広く展開できるようになり、私は「護身術の第一人者」と言われるようになったのです。

「真の強さ」を活用すれば、困難な状況を乗り越えるだけでなく、**その状況を逆利用して、自分自身を大きく成長させていくこともできるのです。**

まさに、相手の攻撃力を巧みに利用して、相手を制してしまう「合気の原理」に通じる考え方ではないでしょうか。

そしておもしろいことに、この柔軟な発想から生まれた独自の護身術は、多くの武道家を魅了することになりました。「他を圧倒する強さ」を求める武道家が、強さにこだわらない私から学ぼうとする構図は、何とも不思議なものでした。

居着かない・とらわれない・こだわらない

強さへのとらわれがない「真の強さ」が身につくと、「居着かない・とらわれない・こだわらない」という3つの視点で物事を見ることができるようになります。これらの視点は、私が護身術の指導の際によく用いる言葉でもあります。

護身術では、思い込みや固定観念があると、状況をますます悪化させ、身を危険にさらしてしまうことがあります。しかし、**この3つの視点を判断基準にすれば、思い込みや固定観念にとらわれず、生還する可能性を飛躍的に上げることができます。**

また、3つの視点を人生に活用すれば、状況にとらわれず、自分の思考の枠を突き抜けた発想ができるようになり、困難な状況を乗り越える道筋を見つけることができます。

さらに、困難な状況で新たな発見ができ、大きな成長につなげることも可能になるのです。

｜　居着かない

「居着く」とは、物理的または心理的な場所への依存を表します。具体的には、一つの場所に長時間留まること、または一つの考え方や習慣に固執することを指します。武道の世界では、心と身体が一点で留まり、隙を生じさせることとして「居着く」という言葉が用いられます。

たとえば、近くで事件発生の情報を得た場合、その場所に留まらず、直ちに安全な場所に避難する必要があります。また、一つの情報で決めつけるのではなく、複数の信頼性のある情報源を確認し、事実を確認する必要があります。人はどうしても思い込みで行動しがちです。心が居着かないようにして、できるだけフラットな視点で状況を把握し、柔軟に対応することが大切です。

また、護身術の技を行使しなければならない状況に陥った場合、普段通りに身体が動かないこともあれば、技の効果が見込めないこともあります。しかし、うまくいかないことに心を留めてしまえば、居着きが生まれ、より危険な状況に陥る可能性があります。
命の危険にさらされた極限状況では、身体が思うように動かないのは当然です。**完ぺきを求めず、60点主義でいくことが重要になります。**

人生に当てはめれば、我々は、自分の考え方が正しいと思い込み、それに従って物事を判断しがちです。しかし、人生にはさまざまなトラブルや困難な状況が発生することもあり、その際、自分の考え方に固執すると、かえってマイナスに働くことだってあるのです。

「人生は一冊の問題集」であり、新たな経験を積むために私たちは生きています。困難な状況に遭遇することは決して悪いことではなく、むしろ、固執してきた考え方や習慣を大きく変えるチャンスともなるのです。

そのために、自分の考え方に固執し、無理に押し通すのではなく、柔らかく変化させて環境に適応することが求められます。自分の考え方を頑なに押し通すことが「強さ」ではありません。

柔軟に考え方を変え、「これは新しい経験なんだ」と受け入れることで、さらなる成長

を促し、もっと大きな人間になることができるのです。

2　とらわれない

「とらわれない」とは、特定の思考や視点、考え方にとらわれず、自由に思考する能力を指します。これは古い規範や規則、既成の概念に固執せず、新たな視点を持ち、柔軟に対応できることを意味しています。

護身術では、「相手と戦わなければならない」「相手に勝たなければならない」という既成概念にとらわれず、**生還するためには、逃げることや隠れることも戦術の一つであり、最後までしぶとく生き抜くことこそ強さなのだと知ることです。**

また、突然の襲撃など想定外の状況に遭遇した際、人間の脳は簡単にフリーズしてしまい、正常に判断ができなくなってしまいます。「事件は自分には関係ない」という先入観があるためです。即座に対応する「柔軟性」も護身術では要求されるため、思考を柔らかくするゲーム感覚の反応力訓練や思考訓練を取り入れるのもお勧めです。剣護身術では、そのようなゲーム感覚の訓練もたくさん行っています。

さらには、スマートフォンの防犯アプリも使えますし、（訓練は必要ですが）傘や鞄、ベルト、上着などの日常的に持ち歩くものを使う方法もあります。催涙スプレーもお勧めです。

このように、護身術の形にとらわれず、自由な発想で考えていけば、身を護る方法がいくらでも見つかるのではないでしょうか。

さらに、「とらわれない」という考え方を人生に活用すれば、困難な状況から自由になることもできます。

「気が弱く、職場内でパワハラの被害に遭ってしまう人」は、「上司は絶対」「会社のためなら何でも耐える」といった既成概念に縛られている可能性があります。そこから抜け出すには、どのように考え、行動すればよいのでしょうか？　以下に一つの例を挙げてみます。

① 自分を縛っている「職場の既成概念」に気づき、まずは、そこから自由になろうと強く思うことです。そして、**「パワハラを受けるのは、自分に価値がないからだ」**

という考え方に陥らないことが大切です。

②度を超えたパワハラは犯罪であり、許されない行為だと知ることです。限界まで耐え続けることが「強さ」ではありません。既成概念から一歩離れ、現状に疑問を持てれば、新たな知識を取り入れることができます。パワハラ防止法が施行され、企業はハラスメント対策を義務付けられています。それを怠っている職場に問題があることも明らかになります。

③自分1人で問題解決しようとせず、信頼できる上司や労働組合、さらには外部の相談窓口など、周囲からの援助を受け入れていきます。**生き抜くためには、周囲の人々から助けを借りながら問題解決に取り組むことが、困難に立ち向かう知恵であり、したたかな粘り強さとなります。**

④この経験を通じて、「1人では無理でも、人の力を借りれば、どんな問題でも解決できる」という学びを得ることができ、自信を取り戻し、大きく成長することができます。

以上は一つの例ですが、このように「とらわれ」を捨て去り、「真の強さ」を活かすことができれば、困難な状況から抜け出すことが可能になります。

3　こだわらない

「こだわらない」とは、細部に過度にこだわることなく、全体の視点を持つ能力を指し、ある特定の要素や考え方に固執することなく、全体の目標や大局を見失わないことを言います。

この考え方は「護身術」においてとても重要です。

たとえば、体力に自信がなく、格闘経験もない会社員が、集団強盗や通り魔事件など、危機的な状況に遭遇したとします。彼らは屈強な人間に比べれば、身体的にも能力的にもかなり劣ってしまいます。しかし、彼らが「こだわらない」視点を持つことができれば、屈強な人間よりも、身を護り、生還する可能性を高めることもできるのです。

「こだわらない」視点は、優先順位を明確にすることが大切です。

「生き延びること」を最優先とするならば、そのために思考や行動をすべて集中させ、それ以外の行動はいっさいしません。そして、リスクの高い直接的な戦闘を避け、陰に隠れ、隙を見て逃げるという戦術を迷わず取ることもできます。

予測不能な状況では、アグレッシブな行動はかえって危険であり、予想外の反撃や、他の敵からの攻撃を受けるなど、思わぬ危機に陥る可能性もあるのです。

以前、「戦場ではアグレッシブな人間が先に死ぬ」といった言葉を聞いたことがあります。嘘か本当かわかりませんが、私が自衛隊時代、演習中に強行突破したことが裏目に出て「死亡」した出来事を思い出すと、その言葉に一定の真実が含まれているのがわかります。

しかし、状況が急変して直接攻撃を受ける可能性も否定できません。そのような場合にも「こだわらない」視点が重要です。**「生き延びること」を最優先にするならば、真っ向勝負や撃退を目指す「勝つための戦い」は絶対に避けるべきです。**第1章でも述べたように、「勝つための戦い」で生き残れる確率は50対50となり、リスクは格段に上がります。

「勝つことへのこだわり」を捨て、「負けない戦い」に徹することができれば、隙を極力

減らし、リスクを最小限に抑えることができるのです。

これが「こだわらない」視点を活用した護身術です。この視点を持つことで、護身力を向上させ、弱者でも危機的な状況から生還する可能性を高めることができます。

以上、「居着かない・とらわれない・こだわらない」という3つの視点について考察してきました。この視点は、「強さへのこだわり」を捨て、「真の強さ」を身につけた人だけが持てる視点でもあります。

そして、強大な敵から身を護るために「真の強さ」を具現化した戦術が、「負けない戦い」です。

格闘技経験のある人が、この戦い方を知ると「目からウロコだ」「こんな考え方があったのか」と感動されます。「勝つための戦い」に身を投じた過去をもち、その厳しさがわかるからこそ理解できる、「革新的な考え方」であり、「新しい時代の護身術」なのです。

次は、この「負けない戦い」について詳しく解説したいと思います。

「負けない戦い」という考え方

「真の強さ」とは、「困難な状況でしぶとく生き延びる、決して折れないしなやかな強さ」であることを、私の経験を通じて述べてきました。

その対比として、多くの人が強さとしてイメージする「鉄のような強さ」についても触れてきました。「鉄のような強さ」は、「硬くて頑丈な」印象を与えますよね。

一方、本書で述べている「真の強さ」には、「柔らかさ」「しなやかさ」「変化」という要素が際立ちます。

「変化」は、宇宙の本質を表していると私は考えています。仏教では「諸行無常《しょぎょうむじょう》」という悟りの言葉がありますが、一言で言えば「すべてのものは変化する」ということ。

どんなに硬い鋼鉄も、鉄筋コンクリートの建物も、東京スカイツリーも、富士山も、地球も、太陽も、銀河も、そのままの形で、永遠に存在することはなく、いずれは形が崩れ、変化し、消滅していく存在です。

この宇宙で不変のものは何かと言うと、「すべてのものは変化する」ということ。

つまり、「変化」を要素に含んでいる「真の強さ」は、本質を表しているからこそ「真に強い」のです。

それに比べて「鉄のような強さ」は、本質的に、いかに脆《もろ》くはかないものであるかを感じないでしょうか。


さて、「鉄のような強さ」を求めれば、その戦い方は「勝つための戦い」になります。

しかし、「勝つための戦い」は、リスクが高く、護身術には向いていないことを前述しました。

では、「柔らかさ」「しなやかさ」「変化」という要素を含んだ「真の強さ」を、護身術に応用すると、どのような戦い方になるでしょうか？


それが、「負けない戦い」です。この戦い方の優れたところは、「勝つ」ことにこだわらず、「負けない状態」に徹することで、相手は攻略が難しくなることです。

たとえば、格闘技の経験がない人に、「勝つための戦い」をしてもらうと、格闘技経験のある人に簡単に負けてしまいます。ところが、同じ人に「負けない戦い」を実践してもらうと、先ほどと比べて途端に手強くなり、格闘技経験のある人でもなかなか倒せなくなるのです。

その変化に本人自身が驚き、「負けない戦い」の有効性を実感されます。

では、なぜ「勝つための戦い」では、簡単に負けてしまうのでしょうか？　答えは、同じ土俵で自分より強い人と戦ったからです。さらに、積極的に攻撃するために隙が生まれ、そこを突かれて攻撃をまともに受けてしまうのです。

逆に、「負けない戦い」は、「負けない状態」を維持することに重点を置くために隙を生じさせず、相手の攻撃の機会を失わせます。もし攻め込まれそうになっても、「負けない状態」を維持するためだけの攻撃に集中するため、ますます隙を作ることができなくなります。このようにして、**同じ土俵での戦いを最後まで避けるため、簡単に負けなくなるのです。**

別の視点で見ると、「勝つための戦い」は、「お互いが嚙み合った状態」になります。相手の攻撃に付き合うため、相手の攻撃をまともに受けることになります。

一方、「負けない戦い」は、「お互いが噛み合わない状態」を作ります。相手の攻撃にいっさい付き合わないため、まったくかみ合わず、相手はやりにくさを感じます。

この戦い方は、試合であれば注意を受けるか、失格になるかもしれませんが、**命の危険にさらされた予測不能な状況では、噛み合わない状態が、むしろ生還する可能性を飛躍的に引き上げるのです。**技術的な解説は第5章でいたします。

まとめると左のようになります。

1.「勝つための戦い」は、同じ土俵で直接対決をするため、自分より強い人に負けてしまう。一方、「負けない戦い」は、「負けない状態」に徹し、同じ土俵での戦いは最後まで避けるため、負けなくなる。

2.「勝つための戦い」は、積極的に攻撃するため、相手の攻撃を受ける隙が生じる。一方、「負けない戦い」は、「負けない状態」に徹するため隙が生まれにくい。

3.「勝つための戦い」は、相手と噛み合った状態になるため、攻撃をまともに受けてしまう。一方、「負けない戦い」は、相手と噛み合わない状態にして、相手に攻めづらさや、やりにくさを与え、生き残る可能性を高める。

これこそ、**弱者が困難に立ち向かい、最後まで生き残るために必要な考え方であり、戦術なのです。**

剣護身術は、「柔らかさ」「しなやかさ」「変化」を重視する「真の強さ」を具現化した「負けない戦い」をベースに作られています。勝つことよりも、自分自身を護り抜くことに焦点を当てているため、未経験でも短期間の訓練で護身力が飛躍的に向上します。

そのため、生命の危険に直面する予測不能な状況において、「生き抜く力」を最大限に発揮できる有効な手段となります。

第3章

「困難に立ち向かう強さ」を手に入れる

実戦編Ⅰ
自分の身を護る2つの呼吸法

即座に戦える心と身体になる「緊急時の呼吸法」

恐怖心とどのように向き合えばいいか

私たちは、身の危険や脅威を感じたときに恐怖心が湧き上がります。予測ができない危機的な状況で使用される護身術は、この感情と切っても切れない関係にあり、恐怖心とどのように向き合うかが重要なテーマになります。

恐怖心は、すべての生物に備わる本能的な反応であり、私たちの生存を保つために重要な機能を果たしてくれます。つまり、恐怖心は危険な状況から身を護るために与えられた機能でもあるわけです。

とはいえ、恐怖心で顔は引きつり、身体は硬直して、小動物のように怯《おび》える姿は、弱者の象徴のようでもあり、そんな姿を人に見られるのは誰しも嫌なものです。そのため、恐怖心を否定し、できるだけ感じないように努めている人も多いのではないでしょうか。

ネット上では、「恐怖心に打ち勝つ方法」「恐怖を乗り越える方法」「恐怖を克服する方法」といった情報が溢れ、大多数の人が恐怖心をネガティブなものとして扱っているように思われます。

確かに、恐怖心による弊害はあります。

恐怖心が過度に強くなると、判断力が著しく低下し、適切な対応や冷静な判断が難しくなることがあります。いわゆる「頭が真っ白になる」という状態です。

また、身体が硬直し、パフォーマンス力が低下してしまうため、通常であれば当たり前にできていた動きが、まったくできなくなってしまいます。

ただ、何事も表裏があるように、恐怖心が良い働きをする面もあるのです。

① 注意を喚起し、生き延びるための行動を促す

恐怖心は、危険な状況において即座に判断を下し、安全な行動に移らせる効果があります。たとえば、街中で事件やトラブルが発生していれば、そこから回避する行動を素早く迷いなくさせます。また、明らかに挙動が不審な人物が近くにいれば、そこから一刻も早く距離を取る行動をさせます。

② 身体や心の健康を護るために適切な行動を促す

恐怖心は、身体的な危害を避けるために、自然に身を護る行動を取らせる効果があります。たとえば、高所恐怖症は、高所から落下してしまうのを防ぐために、安全な場所に移動する判断をさせます。また、道路を渡るときに車が近づいてくるのを見て恐怖を感じることで、横断を中止させ、信号や交通ルールを守らせる行動を促します。

このように、恐怖心は私たちの生存を保ち、生き延びるために必要な反応でもあるのです。

具体的な例を挙げましょう。Hさん（50代男性）は、最寄り駅の階段で通行を邪魔する

ように座っている男性を何度も見かけており、その男性への抗議の意味で、いつも男性のすれすれのところを歩いていました。その男性を避けることで「恐怖心に負けた」と思いたくなかったからです。

しかし、剣護身術で「恐怖心は自分や家族を護るための適切な判断と行動を促す」と学んでからは、恐怖心をポジティブに受け止め、自然体でやり過ごすことができるようになりました。

恐怖心をポジティブなものとして受け入れたとき、適切な判断と行動をとることができ、危険な状況から迅速に逃れて、自身を護ることが可能になります。

身体にもたらす恐怖心の意外な効用

さらに、恐怖心は私たちの身体に対して素晴らしい働きをします。

通常、恐怖心を抱いたり、緊張したりすると、心臓がドキドキして呼吸が速くなることがあります。これは身の危険を感じるときだけではなく、会議やプレゼンテーションなど緊張する場面でも経験があるかと思います。ではなぜ、恐怖や緊張によって、身体がこのような反応をしてしまうのでしょうか。

そこには人体の驚くべき仕組みがあるからです。

人間は恐怖心を抱いたり、緊張を感じると、交感神経を活性化させて、アドレナリンとノルアドレナリンという二つのホルモンを放出します。これらのホルモンは、心拍数や血圧を上昇させ、血流を心臓と筋肉に向けることで身体のエネルギーレベルを高め、集中力や反応速度を向上させます。**つまり、身体をすぐに動ける状態にして、生き延びるための「闘争または逃走」の準備をさせるのです。**

私たちが緊張で心臓がドキドキする経験は、実は私たちのパフォーマンスを高めるための素晴らしい働きなのです。

交感神経を活性化させる例として「シャウト効果」があります。スポーツ選手が競技中に大声を出している姿を見かけますね。ハンマー投げが特に有名です。

これは大声を出すことで交感神経を刺激して、アドレナリンとノルアドレナリンを放出させ、心拍数や血圧を上昇させて身体のエネルギーレベルを高めているのです。その効果は科学的にも証明されています。

ちなみに、武道の世界でも、掛け声（気合い）を発しますが、心理的にポジティブな影響を与えるとともに、シャウト効果も期待されていると思われます。科学的な実証ができなかった時代から、声を発することの重要性を体感的に理解して、武道に取り入れた先人の知恵には驚かされます。

余談ですが、「母音の種類によるシャウト効果の検証」という実験が過去行われました。そこでは、「無発声」「あ」「い」「う」「え」「お」の各母音でどのくらい筋力の増加が見込めるのかを実験したのですが、結果は「え」のときに筋力の増加が認められたそうです。

私が修行した杖術や剣術も含め、日本武道では「エーイ！」「イエー！」と、「え」を強調した掛け声を発することが多いです。これも意味のあることとして行われたのかもしれません。

しかし、恐怖心はしばしば暴走することがあり、コントロールが容易ではありません。そのため、前述したようにパフォーマンスが著しく低下してしまい、護身術においては、せっかく身につけた技術も〝飛んでしまって〟、身を護ることができなくなってしまう可能性があります。

ということは、もし「恐怖心を適切にコントロールする方法」を身につけられれば、恐怖心から生まれる「高い身体能力」「集中力や注意力の向上」といったポジティブな力を、緊張する場面でも最大限に活かすことができるようになります。

その方法が、「緊急時の呼吸法」です。

この呼吸法によって、恐怖心をコントロールし、恐怖心から生まれるポジティブな力を護身術に活用することができ、いつでも「困難に立ち向かう強さ」を発揮することができるのです。

「緊急時の呼吸法」で即座に戦える状態になる

緊急時の呼吸法は、私の実戦経験と丹田《たんでん》呼吸法をもとに、30代半ばに開発した非常に効果的な手法で、恐怖や緊張を感じる場面であっても、即座に戦える「気持ちの強さ」を発揮することができます。

私が30代半ばのときの経験から、緊急時の呼吸法の効果を感じたエピソードを紹介します。正直な話、過去の私の行動は軽率で、危険を伴うものだったため、公に出すのは少し気が引けるのですが、この話を通して緊急時の呼吸法の有効性を知ってほしいと思います。

会社員時代、勤務先の工業地帯は暴走族のたまり場になっていました。会社前の道路を暴走族が頻繁に走っていて、爆音でかなりうるさかったのを覚えています。

私が宿直のときは、ちょくちょく連中に注意していましたが、会社でも木刀で稽古していたので、木刀片手に現れる私の出で立ちは怖かったかもしれません。ほとんどは大人しくしてくれました。

ただ一度だけ、車とバイク数台に囲まれたことがあります。これは完全に私のミスで、私の言うことを彼らが聞いてくれると思い込んでいました。

相手は10人近く。武器も隠し持っていると予想され、さすがに危険を感じました。その状況のなかで「緊急時の呼吸法」を静かに繰り返したのです。すると肚《はら》が据わって気持ちはいつでも戦える状態になり、全身から気迫がみなぎってきました。木刀を片手に仁王立ちしたままにらみ合いが続きましたが、最終的に彼らは何もせずに去っていきました。こちらの気迫勝ちです。しかし、もし連中がいっせいに襲撃すれば、私も無傷ではいられなかったでしょう。このときはたまたま運が味方しただけで、自分の浅はかな行動を反省しました。

また前述した護身術セミナーでは、過酷なスケジュールのなかで参加者からのプレッシャーや挑発に直面し、心理的、身体的なストレスが伴う状況に何度も立たされました。このまま続けば、心身が疲弊してしまうのは目に見えていたのです。

そのときに緊急時の呼吸法が役立ちました。この呼吸法を合間合間に実践しながら、気持ちを強く保ち、自分の心が折れないように努めました。

さらに呼吸法によって、参加者が驚く、レベルの高いパフォーマンスを発揮でき、突然の攻撃にも対応ができました。そして、最後までやり切ったのです。

このような経験から、困難な状況で身を護るには、身体能力や技術よりも「メンタル」がより重要であると感じました。メンタルに対してダイレクトに影響を与える緊急時の呼吸法は、危機的状況から生き残るために有効な呼吸法なのです。

この呼吸法はイメージトレーニングと違い、身体からアプローチする具体的なメソッドであるため、個人の資質やもともとの精神的強さ、実戦経験の有無に左右されることはありません。**しっかりと訓練を積めば、たとえ実戦経験がなくても、即座に自分を護るための心の準備ができるようになります。**

さらにこの呼吸法の優れたところは、「恐怖心から生まれるポジティブな力（筋力、反応速度など身体能力の向上、高い集中力や注意力など）」を活用できるところ。そのため、

恐怖や緊張を感じる場面でも、自分の能力を最大限に引き出すことが可能になるのです。

まとめると、

① メンタルに対してダイレクトに作用し、即座に気持ちを強くする
② たとえ実戦経験がなくても自分を護るための心の準備ができる
③ 恐怖心から生まれるポジティブな力を活用できる

以上の理由から、緊急時の呼吸法は危機的状況から生き延びるために欠かせないものとなるのです。

では、緊急時の呼吸法の仕組みを解説してみます。この呼吸法は次の方法で行います。

① 目を大きく見開いて、身体を覚醒状態にする（交感神経の活性化）。
② 丹田呼吸を繰り返して、気持ちを落ち着かせる。

目を大きく見開くことで、なぜ身体が覚醒するのかについて解剖学的な観点から説明します。瞼《まぶた》を持ちあげる筋肉として眼瞼挙筋《がんけんきょきん》とミュラー筋があります。実は、このミュラー筋は「交感神経のスイッチ」と言われており、目を大きく見開くことでミュラー筋が引っ張られ、交感神経が刺激されて身体が覚醒状態になるのです。

たとえば、退屈な授業や講義を受けている最中、眠たいのを我慢したことがありませんか？　私は何度かありますが、そのときに目を大きく見開いてなんとか目を覚まそうと努力しました。そうすると一時的に覚醒をするのです。あなたも同じような経験をしたことがありませんか？　実際に試してもらうと、覚醒状態になるのが体感的にわかると思います。

それと同時に丹田呼吸も行います。丹田とは臍下《へそした》5、6センチのところにありますが、ここを意識して息をしっかり吐くと、副交感神経を刺激して気持ちが落ち着き、肚が据わってきます。

交感神経と副交感神経を同時に刺激する呼吸法はたいへん珍しいですが、この方法を行うと、不思議なことに恐怖心が暴走することなく適切に制御され、即座に自分を護るための心の準備ができます。さらに恐怖心から生まれるエネルギーをポジティブな方向に転換することができるのです。

その結果、「恐怖心から生まれるポジティブな力」「困難に立ち向かう心の強さ」を引き出して、護身力を飛躍的に高めることができるのです。

実際に、緊急時の呼吸法の効果を実感した人は数多くいて、「危ない状況から身を護れた」「暴力へのトラウマが薄れた」「気持ちのスイッチを切り替えられるようになった」「前に進む覚悟のようなものが生まれた」など、喜びの声が寄せられています。

私個人の経験から生み出したこの呼吸法が全国に広まり、多くの人々の役に立っているのは、非常に嬉しいことですね。

さらに特筆すべき点があります。

護身の場面だけでなく、心理的ストレスや緊張を感じる場面でも、「柔らかさ」と「しなやかさ」を発揮しながらプレッシャーをかわしていくことが大切ですが、ときには心が折れそうになることもあります。

緊急時の呼吸法をそのようなときに活用することで、ただ困難を避けるのではなく、積極的にプレッシャーと向き合い、それを克服する経験を増やしていきます。その結果、心は繰り返し鍛えられ、やがて**「決して折れないしなやかな強さ」**へと成長するのです。

それは「竹」のようなものです。竹は、強風をまともに受けても、大きく揺れながら力を逃がすため、折れることがありません。その秘密は「節」にあります。大きく揺れても折れることなく元の真っすぐな姿に戻れるのは、節によって「しなやかな強さ」を獲得しているからです。

このように、一時的な応急処置だったものが、「節」を作ることによって、いつでもどんなときでも、あるがままの自分で困難に立ち向かうことができるようになります。

つまり、あなたも緊急時の呼吸法を活用すれば、「決して折れないしなやかな強さ」を獲得することが可能なのです。

こんなときに使える「緊急時の呼吸法」

緊急時の呼吸法の重要性や効果について理解していただけたかと思います。ここでは、実際にどのようなシチュエーションでこの呼吸法を活用できるのか、具体的な例を出してみます。

身の危険を感じる場面

1. 攻撃的な人間との遭遇

凄《すご》まれたり、突然の暴力や襲撃に遭遇すると、心が動揺し、身体が思うように動かなくなります。そのようなとき、緊急時の呼吸法を素早く活用して、即座に戦える状態にし、自分の身を護ります。

2. 夜道や危険なエリアでの安全対策

深夜の帰り道や犯罪が多いエリアを歩く場合、事前に緊急時の呼吸法で心と身体の準備をします。人は想定外の出来事に対してパニックになりがちなため、常に冷静で迅速な対応ができるよう心掛けます。ただ、そのような状況に出くわさないように、タクシーを利用するか、家族に迎えに来てもらうほうがより安全であることは言うまでもありません。

3. あおり運転に遭遇

近年、あおり運転が増加しており、運転者を恐怖に陥れています。実際にこれに遭遇すると、気が弱い人は恐怖のあまり適切な判断ができなくなります。そんなとき、緊急時の呼吸法を使って心を落ち着け、警察にすぐ通報するなど、迅速に対応することが重要です。

4. 住居やオフィスに侵入された場合

不審者が突然侵入してきた際、鍵のあるトイレや部屋、非常口に素早く移動して身を隠します。そして、緊急時の呼吸法を使って心を落ち着け、警察に通報します。

それ以外のシーン

1. プレゼンテーションや試験前に緊急時の呼吸法を使うと、緊張が和らぎ、集中力が上がり、聴衆の前でも冷静に最高のパフォーマンスを発揮できます。
2. スポーツの大会や試合で、緊急時の呼吸法を使えば、プレッシャーからくる緊張を制御し、集中力を高め、心身を整え、ベストな状態で試合に挑めます。
3. ビジネスでの難しい交渉や対立する相手との対話でも、緊急時の呼吸法を使えば、自分の感情をコントロールし、冷静に集中して交渉や議論を進められます。

このように、緊急時の呼吸法は、身の危険を感じる場面だけでなく、日常生活のさまざまなシーンで効果を発揮します。この呼吸法を日常に取り入れることで、あなた自身を助け、困難を乗り越える力を与えてくれるのです。

「私はこの呼吸法で助かった！」

緊急時の呼吸法が実際に役立った事例を紹介します。この呼吸法は非常に実用的で、即座に効果を発揮することがご理解いただけると思います。

1.「幾度の危機を回避することができました」Y・Iさん

私は仕事柄、命の危険を伴う現場活動を経験したり、極度の緊張状態を保たなければならない要人警護等の仕事に従事しています。その際、**この緊急時の呼吸法を実践して心の**

動揺を自ら抑制することで幾度の危機を回避することができました。修行を続けていくうちに身の危険を感じた際には自然と緊急時の呼吸法へとスイッチが切り替わり、警戒態勢に入っている自分に気づきます。

2.「今までのなかで、一番冷静な動きができたと思いました」T・Nさん

知り合いの家にお邪魔したときの話。彼は酒に酔っていて、しばらくすると様子が怪しくなっていきました。僕は「動揺してはダメだ」と思い、緊急時の呼吸法を実践したところ、不思議と心が落ち着いてきました。そのまま逃げるルートを探し、いつでも動けるように準備をしていたところ、急に胸ぐらを掴んできたので、習った技を使って崩しました。そして、彼が包丁を取りに行った隙をついて走って逃げました。本当に緊急時の呼吸法を覚えていてよかったと思います。**今までのなかで、一番冷静な動きができたと思いました。**

他にも、緊急時の呼吸法の効果についてさまざまな意見が寄せられました。S・Iさん「冷静になれるだけでなく、前に進む覚悟のようなものができるので不思議です」、J・Tさん「緊張はしているが、身体が固まらず、武道の指導ができるようになった」、M・O

さん「危険作業での恐怖が消え、〝よし、やるぞ！〟と肚が据わる」、H・Kさん「焦りや浮つきを自分で気づき、冷静に行動できるようになった」。

このように緊急時の呼吸法を通じて、身を護った人もいれば、日常生活やお仕事で活用した人も多いです。さまざまなシーンで使える非常に実用的な呼吸法なので、どんどん活用していただきたいです。

短い時間で自分を切り替える呼吸のしかた

1. 掌《てのひら》を丹田（臍下5、6センチ）に当てて下腹を膨らませる（1）。
2. 目を大きく見開く（2）。
3. 丹田を意識して息を「ハー」と3秒ほど吐く（3）。
4. 鼻から息を吸う（4）。

以降、繰り返し。

動画はこちら

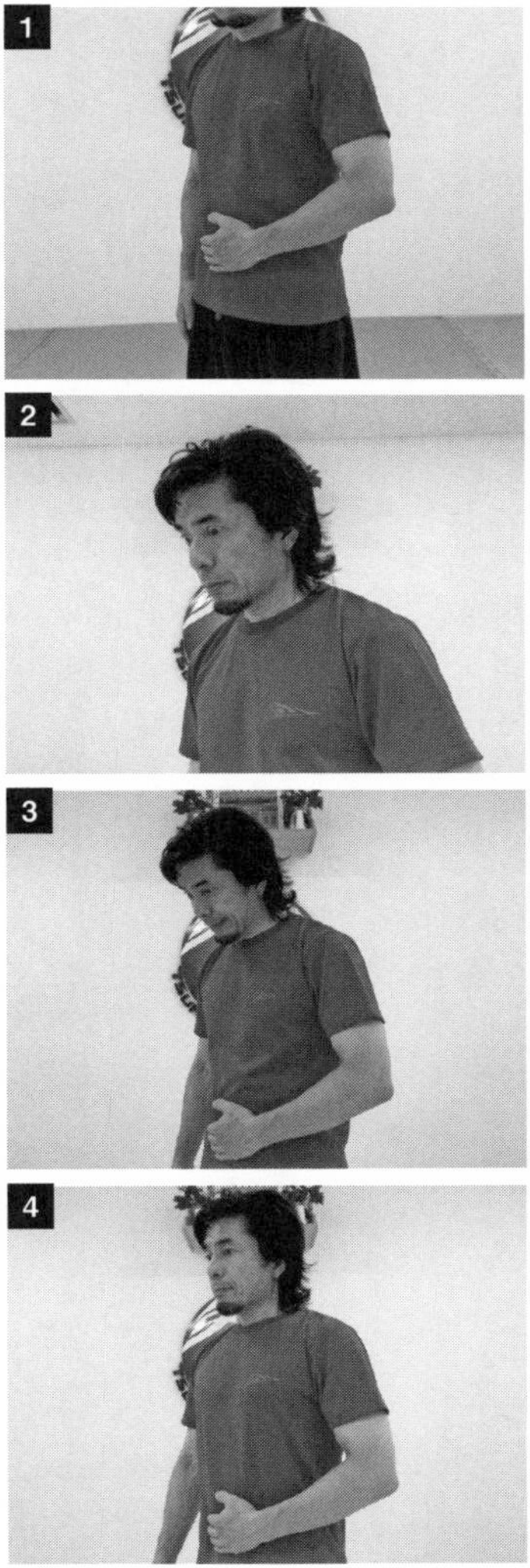

感覚が鋭い人は、数回の練習で肚がドシッと落ち着き、気持ちが強くなる感覚を実感できます。この呼吸法は即効性があり、訓練を重ねることで、短い時間で気持ちを切り替えられるようになります。自分のなかに切り替えのスイッチを持つとイメージしてください。
ただし、初めは慣れないと酸欠になりやすいため、無理をせず、体が慣れるまでゆっくりと取り組んでください。

心と身体を統合して、強さを養成する「一つになる呼吸法」

困難に立ち向かうには「粘り強さ」が必要

「困難に立ち向かう姿」を想像したときに、あなたはどんなイメージを持つでしょうか？多くの人は、「勇猛果敢に立ち向かう強者の姿」を思い浮かべることでしょう。

これは先に述べた「攻撃やストレスを跳ね返す鉄のような強さ」と同じです。確かに、圧倒的な強者ならば、困難に真っ向から突っ込んでいっても、道を切り開くことができるかもしれません。しかし、そのような強引な戦い方を続けていって、果たして無傷のままでいられるでしょうか。

私は、力を誇示し、強者として振る舞う人間が、何かの拍子に心がぽっきりと折れるのを何度も目撃してきました。折れた後の意気消沈した弱々しい姿は、可哀そうに思うくらいでした。

かつて知り合いだったKさんは、コンプレックスの裏返しからか、職場では強者として振る舞っていました。そして、後輩にも強さを誇示するためにわざとマウントを取るような行為をしていました。しかし、強者を演じ続けることに疲れたのか、あるとき、心が折れてしまい、精神を病んでしまったのです。最後には正常な判断ができなくなり、ついに犯罪に手を染め、警察に捕まってしまいました。本当に悲しいことです。

それに比べ、どんな困難に見舞われようとも、心が決して折れず、しぶとく生き抜く人もいます。それは鉄のような強さではなく、「粘り強さ」を持つ人です。粘り強さには「柔らかさ」「したたかさ」「適応力」「復元力」といった要素が含まれます。

第2章では、**しぶとく生き延びようとする粘り強さ**として、「アスファルトの小さな隙間から時間をかけて少しずつ這い出てくる植物のようなしたたかさ」「植物のように、厳しい環境にも適応しつつ自己を変化させ、困難を乗り越えて生き延びる姿」と表現しました。

このような人は、どんな状況に追い込まれても、どん底に突き落とされても、必ず最後まで生き残ることができます。

たとえば、テロや事件に巻き込まれた際、自分がターゲットになることなく逃げられればいいですが、実際の状況は予測ができず、思い描いた通りの展開にならないこともあります。

このような状況でも、「粘り強さ」を持つ人は最後まで諦めません。自分の安全を確保するために粘り強くあらゆる努力をすることができます。こういう人は、最終的に生き残る可能性が高いです。

フィジカルにおいても「粘り強さ」は重要です。私はさまざまな格闘家や武道家と手合わせしてきましたが、「この人は強いな」と思わせる人は、組んだときに「粘り強さ」を感じさせる身体を持つ人でした。粘り強いので簡単に崩すことも倒すこともできません。こういう人は、相手に脅威を与えます。

私自身も「粘り強さ」を獲得する鍛錬を数十年行ってきたので、私より体重が20キロも

30キロも重い人と組んでも簡単には力負けしません。私の体重は70キロもないですが、組んだ相手は「体重の重い人と組んだ感じがする」と言います。ちなみに、私は若い頃と違って趣味で筋トレしている程度なので、筋肉隆々というわけではありません。

どうやら、「筋肉量が多いこと」と「粘り強さ」は、そのままイコールというわけではなさそうです。

筋トレみたいに頑張って鍛錬しなくてもいい

私が強いと感じた人の身体は「粘り強さ」があったと前述しましたが、強い人は、総じて「粘り強い身体」を持っています。私が言う「強いフィジカル」です。このような身体が獲得できれば、護身術ではかなり優位になります。

「粘り強い身体」は相手にとって厄介です。体勢を崩そうとしても身体が粘るため、簡単には崩せませんし、多少崩せたかと思うと、すぐに体勢が戻ります。かといって、力んでいるわけではないので動きはとてもスムーズです。しかも、動きが速く、力も強い。厄介この上ないですね。

ちなみに、ウエイトトレーニングでも専門的なトレーニングを積めば、同じような強いフィジカルを獲得できる可能性があります。しかし、専門的な指導や知識が必要で、かつ、厳しいトレーニングに耐えなければなりません。そこまでできるのは、格闘家など一部の人に限られ、大多数の人はそこまでの時間や労力をかけられません。

では、筋トレみたいに頑張らなくても「強いフィジカル」を養成するにはどうすればよいのでしょうか？

それが「一つになる呼吸法」です。

ちょっと話がそれますが、粘り強い身体を獲得する方法としては、太極拳など中国拳法の鍛錬法である「站椿功《たんとうこう》（立禅とも言う）」があります。私の師はさまざまな武術を研究していたようで、師からこの「站椿功」も教えられました。站椿功は腰を落とした姿勢でずっと立ち続ける鍛錬です。さまざまなやり方がありますが、私が教えてもらったのはざっくり言うと、膝を曲げて低く腰を落とし、両腕は木を抱くような形にして、踵を浮かせたまま立ち続けるというものでした。これはかなりきつかったです。この姿勢を40分から1時間ほど続けていました。

そして、続けるうちにだんだん呼吸に合わせて身体を動かすようになり、それが「一つになる呼吸法」となっていったのです。そこから得られる効果は、站椿功とほぼ変わりません。

一つになる呼吸法では、数十分間と立ち続ける必要はありません。忙しい現代人にはそんな時間を確保すること自体、難しいからです。仕事や家事の合間に、ほんの1、2分取り組んでもらうだけでもいいと考えています。それでもじっくり取り組めば、やがて驚くほどの変化を感じられるようになります。

一つになる呼吸法を続けていくと次のような効果があります。

1. 体格差を超えられる強いフィジカルを養成できる

全身の筋肉が協力体制になるため、粘り強い力を発揮できるようになります。また、パフォーマンスをもっとも発揮できる姿勢が身につき、足腰や体幹が強化されることで、身体のバランス感覚や安定性が向上します。さらに、全身の神経を刺激することで、ゆっくりした動作のなかでスムーズかつ素早い動きを獲得できるようになります。

2. 集中力と注意力が向上し、メンタルの強さを養成できる

動作と呼吸のリズムを調和させるという自己制御の鍛錬を続けることで、集中力と注意力を向上させます。また、丹田呼吸によって肚がどっしりと据わり、ストレス緩和とリラクゼーション効果も得られ、心のバランスと健康を促進します。これにより、ストレスへの対処能力やメンタルの強さが養われます。

一つになる呼吸法は、他にも武術的に優れた効果がありますが、専門的になるのでここでは省かせていただきます。

この呼吸法に取り組むことで、メンタルとフィジカルを統合し、困難に立ち向かう強さを養成していきます。

また、ウエイトトレーニングと違って身体への負担が小さく、器具も不要で、身一つあればできるため、どなたでも好きなときに、無理なく実践できます。

緊急時の呼吸法が「即効性」を求めるのに対して、一つになる呼吸法はじっくり時間をかけて「粘り強い心と身体」を養うのです。

身体薫習理論：日々の鍛錬は「ちょっとずつ」でいい

突然ですが、「薫習《くんじゅう》」という仏教用語をご存じでしょうか。実は、鍛錬と深いかかわりがあり、特別な能力がなくても、身体能力をかなりのレベルまでアップできるという話なので、ぜひお付き合いください。

広辞苑をめくると「薫習」は、「物に香が移り沁むように、あるものが習慣的に働きかけることにより、他のものに影響・作用を植えつけること」とあります。

これは見たこと、聞いたこと、考えたこと、経験したことなどが、時間をかけてじっくりジワジワと自分の深い部分（潜在意識）にまで浸透し、人格にまで影響を与えていくことを言います。それを昔の人は「薫り（香り）」で表現しました。とてもうまい表現ですね。

また、古い漢字だと「熏習」とも書きます。「熏」に火をつけると「燻」となります。これもイメージしやすいのではないでしょうか。じっくり時間をかけて〝いぶす〟ことで燻製ができあがりますよね。ちなみに私は燻製が大好きです。

このように、日常の「些細な言葉」や「小さな行動」など、一つ一つは大したことがなくても、それが1年、5年、10年と積み重なっていくと習慣になり、「いつの間にか」というレベルで「最深部」にまで浸透していき、自分の性格を形作っていくのです。

この考え方を「鍛練」に当てはめたのが「身体薫習理論《しんたいくんじゅうりろん》」です。

これは、週に数回、たとえば週3日、高強度のトレーニングを実施して短期的にパワーアップを目指すアプローチとは異なり、**「適度な負荷」の鍛錬を日々継続して習慣化し、〝いつの間にか〟自分の身体能力がアップしている状態に導く方法です。**

高強度のトレーニングは、スポーツ選手やトレーニング好きな人でないと、なかなかできないものです。しかし、適度な負荷を1日に2、3分とか5分取り組むだけなら、特別な人でなくても習慣化しやすいのではないでしょうか。

しかし、適度な負荷を継続するだけで、身体が本当に強くなれるのか疑問ですよね？

実は相当なレベルまで強くなります。これは「習慣」を味方にし、ある意味「累積効果」を利用する方法でもあるのです。

ちなみに、「累積効果」とは、時間とともに努力が累積され、その累積した努力が全体の力を高めるという概念です。

たとえば、2022年11月に富士登山2174回の登頂を果たした「ミスター富士山」こと實川欣伸《じつかわよしのぶ》さんがいます。實川さんはなんと御年80歳（2023年現在）。年間248回の登頂や75日間連続1日2回の登頂など、驚くべき記録を残しており、今でも1日2回登頂することがあるそうです。まさに超人!!

普通に考えれば、後期高齢者と言われる年齢で、富士山に1日に2回も登頂できるというのはあり得ません。

これが「習慣」と「累積効果」を活かした力です。

富士登山は大変ではありますが、無理をしなければ、たいていの人が1泊2日で登頂できます。つまり、エベレスト登山のように、一握りの人にしか登頂できないというわけではありません。

實川さんが富士登山を始めたのは42歳です。富士山に何度か登るうちに記録に挑戦するようになったわけですが、**無理をしなければ、たいていの人が登頂できるほどの登山**は、会社の山岳部に所属していた實川さんにとっては、大した負荷ではなかったと推察されます。そして、富士登山を習慣化していく過程で、身体能力が徐々に強化されていったのではないでしょうか。

身体能力が強化されれば余裕が生まれて、筋肉や身体の使い方も上手になり精度があがっていくため、登山に必要な能力がより強化されていきます。すると、さらに高強度の、つまり1日2回の連続登山もできるようになっていくわけです。これが「累積効果」の力です。

もちろん、年齢による体力の低下は免れませんが、後期高齢者と言われる年齢で、一般の登山客が1泊2日で登る行程を約9時間で2往復してしまう超人的な体力を見れば、年齢による体力の低下を差し引いても、「累積効果」の力が働いていると言わざるを得ません。

このように、無理のない「適度な負荷」の鍛錬を「習慣化」し、じっくりと時間をかけて継続することで、鍛錬に慣れるとともにその時間も自ずと伸びていきます。そこに「累積効果」の力が加わり、加速度的に身体能力が向上していくのです。

一つになる呼吸法は「適度な負荷」なので、身体薫習理論を活かして取り組めば、1カ月で効果を実感でき、3カ月で足腰が強くなり、半年、1年も経てば、以前の自分とは見違えるほどに成長できます。そして、5年、10年と続けていけば、驚くべきレベルにまで身体能力を向上させることができるようになります。ぜひチャレンジしてみてください。

一つになる呼吸法で誰でも強くなれる

一つになる呼吸法は、じっくりと取り組んでいく鍛錬法ですが、実は1回やっただけでも、強い身体の状態を作ることが可能です。

実際にその効果を確認する耐久実験がありますので、ぜひ試してほしいです。

耐久実験　やり方

① 被験者と相手役が向かい合い、腕を伸ばした状態で手を組む。できれば、被験者よりも力の強い人を相手役にすること（**1**）。

② 相手役が全力で押すのに対して、被験者は耐える。そのときの結果を確認する（**2**）。

③ 被験者が一つになる呼吸法を30秒ほど実施する（**3**）。

④ 再び向かい合い、同じ実験をする。被験者の耐える力が向上しているのを確認する（**4**）。

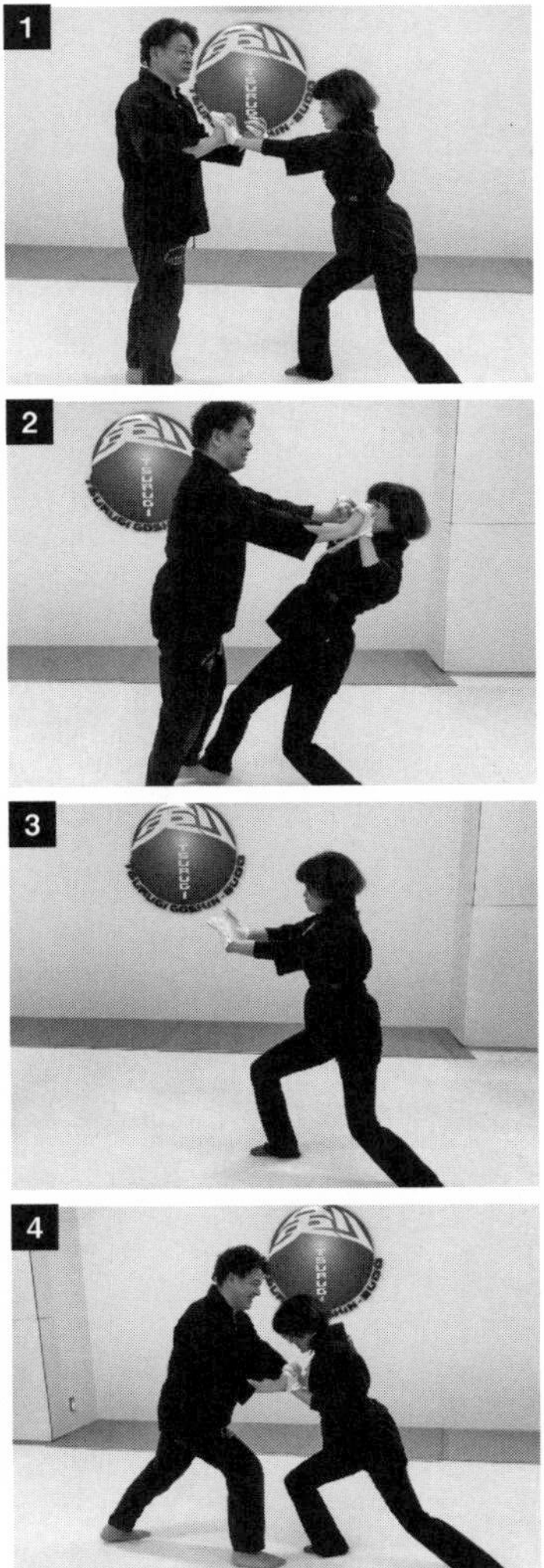

実験してみると、明らかに耐久力が向上するのを実感できるでしょう。もちろん、一時的なものなので、時間が経てば元に戻ってしまいますが、身体が強い状態の姿勢や足腰の感覚がどんなものなのかを自分で確認することができます。

この実験を紹介したのは、姿勢が変わるだけで身体が強くなれることを、あなた自身が実体験し「継続すれば強くなれる」という確信をもって取り組んでほしいからです。

一つになる呼吸法を習慣化すれば、この感覚が身体に染み込んでいくので、通常のときでも、強い状態を維持することができるようになります。

心と身体を自分の意志で制御する呼吸のしかた

一つになる呼吸法には、スタンダードと実戦型の2種類がありますが、本書では実戦型を紹介します。

実戦型「上下の動き」

① 足を前後に広めに開き、両手を目より少し高めの位置に持ってくる（**1**）。
② 弾力のある透明なボールを両手で押しつぶすように、息を4秒吐きながら両手を下ろす。このとき、腰を少し沈める（**2**）。
③ ボールの弾力に押し負ける意識で、息を吸いながら後足に重心を移動しつつ手を元の位置に戻す。手が元に戻ったときには、両足の重心も元に戻る（**3**）。
④ 再び、両手でボールを押しつぶすように、息を吐きながら両手を下ろす（**4**）。
⑤ 以下、繰り返し。

一つになる呼吸法は、畳半畳の広さでできますが、広い場所であれば、前進しながら行うこともできます。前進のやり方は、まずは前側の足のつま先を外側に45度開いて、後ろ側の足を前方へスライドさせ、足が逆の位置になるようにします。あとはその繰り返し。

動画はこちら

自分自身に向き合い、鍛錬を継続していくと、徐々に、呼吸と身体の動きが深いレベルで同調していることに気づきます。そして、自分の意志で自分の呼吸や身体を制御している感覚が生まれてきます。この実感が深い自信や自己肯定感へと繋がっていきます。

実践型「前後の動き」

① 足を前後に広めに開き、両手を脇の位置にもってくる（1）。

② 弾力のある透明なボールを両手で押しつぶすように、息を4秒吐きながら両手を前に伸ばす。このとき、腰を少し沈める（2）。

③ ボールの弾力に押し負ける意識で、息を吸いながら後足に重心を移動しつつ手を元の位置に戻す。手が元に戻ったときには、両足の重心も元に戻る（3、4）。

動画はこちら

④　再び、両手でボールを押しつぶすように、息を吐きながら両手を前に伸ばす。

⑤　以下、繰り返し。

ポイント

・呼吸と動作が一致するように行う。呼吸は口から「ハー」と吐き、鼻から息を吸う。
・掌にボールの圧力を感じながら実施する。
・圧力をかける際、上半身を少し前屈みにする。壁を押すときの姿勢のイメージ。
・前足のつま先は真っすぐに向け、後足のつま先は45度ほど開く。
・目線は下に向けず、遠くの山を眺めるようにする。
・後足に重心を移動する際、上半身がのけぞるのではなく、お尻を後ろに突き出す姿勢にする。
・上半身の力は適度に抜き、手の指先に意識を集中させる。指を時々動かすと意識しやすい。

ポイントが多いため、初めは難しく感じますが、何度も繰り返すとしっくりしてきます。

最初は1、2分から始め、慣れてきたら5、6分と時間を伸ばしていきます。数カ月も繰り返せば、全身の筋肉が協力体制になるため、人と組んだときに力が強くなったのを感じるでしょう。続けていけば、長年修行した武道家のように「粘りのある強い身体」に近づいていきますので、強くなった自分をイメージしながら、じっくりと取り組んでください。

第4章

ムダに争うな！
誰でもできる自己防衛

実戦編2
現代に合った平和的な護身術

身を護るのに「武勇伝」はいらない

私が空手をしていた当時、「自分の実力を試すために、街に繰り出して喧嘩をする」といった話を人から聞いたり、本で読んだりしたことがあります。私の世代よりもう一回り上の人たちの話だったと思います。しかし、喧嘩を吹っ掛けられた相手はたまったものではなかったでしょうね。いい迷惑だったのではないでしょうか。

それが「強い」「スゴイ」「カッコいい」とか、当時は思われていたわけです。実際に武勇伝を誇らしげに語る武道家も少なくありませんでした。本人は気持ちよく語っているのですが、それを聞かされる側の目が冷めていることに、本人は気づいていなかった様子です。

そして、その喧嘩のやり方に問題があります。それは、「相手を痛めつけた後、警察が来る前に逃げる」というもの。自分の実力を試すという身勝手な理由のために、赤の他人に喧嘩を吹っかけて、痛めつけた後は、責任も取らずにサッサと逃げるというやり方。はっきり言って、無責任に感じます。

こんなやり方で「強さ」を証明しても、カッコいいとはまったく思いませんが、今でもこのような行動が許されると思い込んでいる輩《やから》がいるようです。まさに「昭和のノリ」。

昭和の〝ゆるい時代〟と現代はまったく違います。もし、相手を痛めつけてその場から立ち去ったとしても、監視カメラの普及により、容易に身元が特定されます。逃げ切ることはほぼ不可能。

また、剣護身術所属の弁護士によれば、もし、自分だけその場から立ち去った場合、たとえ相手に非があったとしても、相手の語るストーリーが真実のものとなり、警察はそれをもとに動くことになります。被害届を出される可能性も十分にあります。

さらに、現代は情報が瞬時に広がる時代。ＳＮＳやYouTubeをはじめとする各種メディアが生活の一部になっており、もしその現場を撮影され、映像が拡散されれば、数時間で数千、数万という人々の目に触れることになります。喧嘩や暴力行為は、一瞬で社会的な非難の的になってしまうのです。

このように、「相手を痛めつけた後、警察が来る前に逃げる」という愚かなやり方は、もう現代では通用しません。

「勝つための戦い」を目的とした護身術をその視点から見ると、どう感じるでしょうか。このアプローチは確実に相手にダメージを与えるものです。確かにそれで身を護ることはできます。しかし、実際に相手に深刻な傷を負わせることになった場合、果たして最後まで責任を負うことができるでしょうか。

心のどこかで、「相手を痛めつけた後、警察が来る前に逃げる」という考えが潜んでいないか、自らに問うべきです。

このように、たとえ身を護るためとはいえ、相手にダメージを与える「勝つための戦い」は、護身術の本質とは相容れません。相手に怪我を負わせてしまうと、法律上の問題として傷害罪に問われるリスクも無視できません。現代社会は、法的な側面でとても厳しくなっています。身を護るだけではなく、社会的リスクからも守れるものでなければ護身術とは言えないのです。

このような視点から見れば、平和的な解決を目指し、自分も相手もできるだけ傷つけない「負けない戦い」が、いかに自分の身も、社会的な立場も守ってくれるかがご理解いただけると思います。社会的リスクから自分を守るということは、経済的に家族を守るということでもあります。

「負けない戦い」は、まさに現代に合わせた護身術なのです。

襲われたときに躊躇なく相手を殴れますか？

護身術の技は、指導者やその指導団体の哲学に基づいており、多くの護身術が打撃技術を中心に指導しているように思います。

実際、打撃で相手を速やかに制するのは効果的とも言えます。海外で見かける乱闘騒ぎも、ほとんどが殴り合いです。そう考えると、打撃技術を中心に組み込んだ護身術のほうが実戦的と感じる人が多いでしょう。打撃技術は柔術系の技と違い、シンプルな動きが多いため、短期間での習得が期待できると、多くの指導者も考えているのではないでしょうか。

しかし、ここに落とし穴が幾つかあります。

一つ目は、打撃の習得が容易だと感じるのは、格闘技経験がある人に限ります。未経験の人の場合、拳の握り方もわからず、パンチ一つ打つこともできません。蹴りなんてもってのほか。片足になることに慣れていない現代人は、金的蹴りさえ、まともにできないのです。これが現実。指導者は自分が当たり前にできるため、自分と未経験者との間に大きなギャップがあることを見落としているのです。

二つ目は、ある程度、打撃技術が身についたとしても、普段はグローブで拳が護られているため、鍛えていない素手の拳で顔面を殴れば、骨折のリスクがあります。人間の手は、構造上強くないため、頭部のように硬いものを殴るようにはできていません。特に女性の拳は衝撃に耐えられませんので、女性が護身術で打撃技術を使うのは現実的ではないのです。

このような意識のギャップや、現実的ではない技術を護身術として指導してしまうのは、未経験の人を指導した経験があまりないことが原因です。私は多くの未経験者を指導してきました。その経験から、打撃技術だけに頼る護身術は効果的でないと感じています。

さらに、日本人はもともと争いを好まない民族であり、相手を傷つけるのを躊躇する人が多いです。趣味として打撃技術を習うのはいいですが、実戦では、相手はもちろん素面《すめん》ですし、自分はグローブではなく、生の拳です。果たして、それで躊躇なく相手の顔面を殴れるでしょうか？　おそらく、一瞬でも迷いが生じるのではないかと思います。それは優柔不断だからではなく、本質が優しいからこその反応であり、決して悪いことではありません。むしろ、そんな自分の性格を大切にしてほしいと思います。

なかには、積極的に攻撃してダメージを与えることをためらわない好戦的な人間もいます。そうした人は、本書を手に取ることはないでしょうが、できるだけ距離を置いたほうが賢明です。

ちなみに剣護身術にも打撃技術はあります。しかし、拳ではなく掌をつかった「掌底打《しょうてい》ち」を使い、また膝蹴り、前蹴りを使います。目的は相手を倒すことではなく、あくまでも「負けない戦い」を維持するためのものです。

また、打撃技術を使用した組手稽古は、上級者稽古会（3級以上）のみで実施し、一般会員が参加する通常稽古では、限定的に稽古するくらいです。

護身術は「想定外を想定内にする」方法

私たちは日常を過ごすなかで、多くの予測や想定を立てながら生きています。これは人間の生物学的な性質として、脅威を予測し、それを避けるための行動を取るようにプログラムされているからです。しかし、人間の脳は「想定外の事態」に非常に弱く、突如として現れる未知の脅威に直面すると、思考停止を起こしてしまうことがあります。

こうした反応は、私たちの脳がストレスや脅威をできるだけ避けたいという原始的な欲求に基づいています。私たちは日々、無意識のうちに周りの環境や情報をもとに、さまざまな脅威を予測して生きているのです。

たとえば、歓楽街や暗い夜道を歩く際には、不安を感じることが多いと思います。これは過去の経験やさまざまな情報から「歓楽街や暗い場所は危険である」という予測を立てているからです。しかし、その予測を超えた脅威、つまり「想定外の脅威」に出会うと、脳はその対処法を持っていないため、パニックを起こしてしまうのです。

護身術は、まさにこの想定外の脅威にどう対応するかを教えてくれるものです。たとえば、本書で学んだ内容を練習することで、現実では遭遇することのないような状況を疑似体験することができます。**この疑似体験が、実際に想定外の状況に遭遇したときの心と身体の反応を変えるのです。**想定外の事態を何度も練習することで、それが次第に「想定内」のものとして脳に認識されるようになります。

護身術を習得することの大きな効果は、この「想定外を想定内に変える」というプロセスにあります。たとえ護身術の技術が未熟であっても、その訓練を通じて想定外の状況を

「想定内」に変えることができれば、いざというとき、思考停止することなく、生き延びるために行動することが可能となります。その一瞬の判断や行動が、生死を分けることもあるのです。

だからこそ、護身術は単なる技術や動きを習得するだけでなく、心理的な側面からも私たちを護る手段として非常に有効なのです。

さらに、「緊急時の呼吸法」を活用すれば、想定外の状況に遭遇した際、即座に戦える気持ちの強さを発揮して、護身力を飛躍的に上げることができます。

不意の攻撃にも迅速に対処できる「究極の構え」

格闘技には、それぞれ独特の構えが存在します。キックボクシングに代表される打撃系の構えや、レスリング、柔道のような組み技の構えがあり、武道においても、武器の種類によって構えが変わります。構えは、その格闘技や武道の特性を表しています。

実は、護身術にも構えがあります。

護身術はリスクを最小限に抑えるために、近づきにくい雰囲気を醸し出す構えでなければなりません。それが**「青眼《せいがん》の構《かま》え」**です。剣護身術では〝護身術の究極の構え〟と呼んでいます。

この「青眼の構え」は、２００９年に全国展開を始めた当初から存在しており、剣護身術の〝平和的思想〟が反映された汎用性の高い構えです。

〝青眼〟と言うと、ご存じの方は剣術の「正眼（青眼）の構え」を思い出すのではないでしょうか。剣術の「正眼の構え」は、攻防ともに隙のない構えであり、剣先を相手の正中線（顔や目）に向けることで、攻撃しづらい状態を作ります。

剣道の試合で、お互いが構えたまま動かないシーンを目にしたことも多いでしょう。これは、構えによって双方が隙を見せないため、簡単には攻撃を仕掛けられない状態を示しています。

この「正眼の構え」を護身術に適用したのが、剣護身術の「青眼の構え」なのです（**1**、**2**）。

正眼の構え

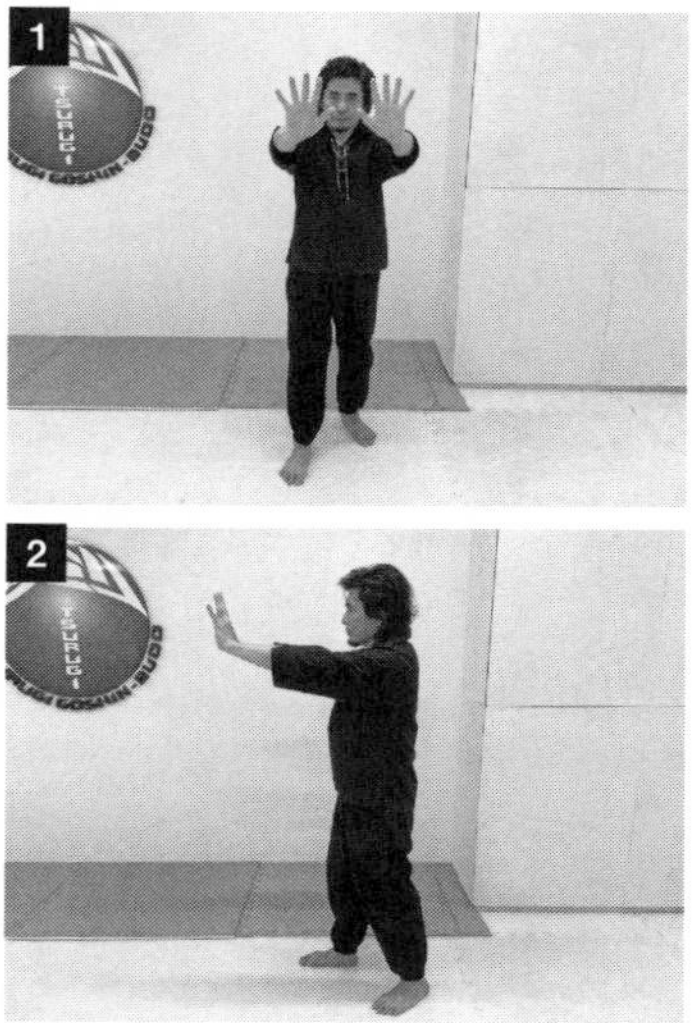

青眼の構え

この「青眼の構え」によって、次の効果が期待できます。

① 相手に心理的な壁を感じさせる。

② 手を伸ばし、顔を隠すことにより、相手に対して距離感をもたせる。

③ 掌効果で、相手の敵対心を和らげる効果がある。

掌効果：掌を見せることで相手の攻撃的な気持ちや緊張を和らげる効果があるとされています。

この三つの効果により、「近づきにくい雰囲気」を生み出し、さらに相手に敵意を持たせずに会話を通じた解決も望めます。

実際の場面での使い方としては、何らかの意図を持って接近してくる者や、明らかな攻撃姿勢をとる者に対して、この構えをとります。さらに、近寄ってくる者に「何か用ですか？」「来ないでください！」など言葉を発せば、「面倒な相手」「やりにくい相手」「手強い相手」という印象を与え、攻撃を諦めさせる効果もあります。言葉は相手に心理的なプレッシャーを与える有効な手段なので、これを活用し、「青眼の構え」の効果をさらに高めていくことが重要です。

私たちが企業研修や講座を行う際、「青眼の構え」の練習を通じて、受講者に必ず言葉を発してもらいます。最初は恥ずかしさから声を出せない人もいますが、一緒に練習を重ねるうちに、徐々に気持ちが高まり、積極的に言葉を発するようになります。実際に黙って構えるのと、言葉を発して構えるのとでは、印象が変わることを受講者は理解するようになります。「青眼の構え」と「言葉」はセットだと考えてください。

「青眼の構え」のポイントを紹介します。

① 自分の顔が見えないようにする（1）

構えが低いと顔が見えるために雰囲気的に近づきやすくなります。また、顔の表情を読み取られてしまいます。

② 両掌が左右に広がりすぎないようにする（2）

これも顔が見えてしまうため、近づきやすい雰囲気が出てしまいます。顔を隠すように両掌を適切な距離に保つことが大切です。

③ 掌の角度を斜めにしない（3）

斜めだと掌が見えにくく、心理的壁を感じさせることができません。また、戦闘態勢のようにも見えるため、相手を刺激してしまいます。掌がしっかり見えるように構えましょう。

1

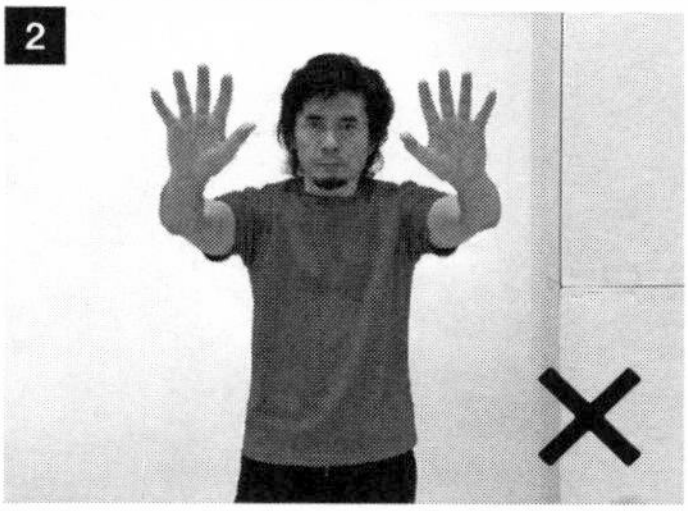
2

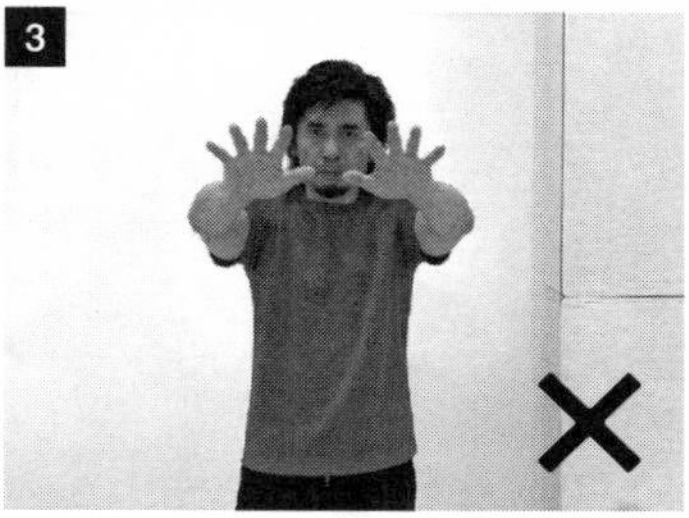
3

さらに**「青眼の構え」の優れた特徴は、相手の攻撃が打撃であれ、掴みであれ、どちらにでも対応が可能なところです。**たとえば、逃げることができない状況で相手が接近してきたとき、どのような攻撃を仕掛けてくるのか予測できなければ、必ず迷いが生じてしまいます。こちらから先に攻撃することは、社会通念上できませんし、積極的な攻撃を好まない人は、相手の攻撃を受ける状態になるため、対応が遅れてリスクが高くなってしまいます。

しかし、「青眼の構え」なら、打撃や掴み、どちらの攻撃が来ても共通する動きで対応ができるため、迷わなくて済みます。迷いがなければ先手先手で動けますので、相手の攻撃の初動を制することもできるようになります。

このように、「青眼の構え」は、不意の攻撃やさまざまな状況にも迅速に対応することを可能とします。結果として、護身力を高め、リスクを最小限に抑えることができるのです。

チンピラが凄んできたときに使える「パームガード」

チンピラが凄んで近づいてくる状況は、想像するだけで恐怖を感じます。しかし、ただ怖がっているだけでは状況が変わらない。実際に何か行動を起こさなければ、自分の身は護れません。「青眼の構え」で触れたように、このような状況で相手がどのような行動を取るかわからず、ただ待ち構えるだけでは危険が増すこととなります。こちらから積極的に攻撃することは避けたいですが、攻撃に対して受け身になるわけにもいかない。そんな難しい状況を鮮やかに解決する方法が「パームガード」なのです。

この方法を用いれば、双方が怪我をせず、話し合いの余地を残しつつ、場の雰囲気を落ち着かせることができます。この「パームガード」は、青眼の構えと同じく、初期の頃から存在する剣護身術の平和的思想が反映された技術です。シンプルな動きのなかに、武術の極意が隠されており、一見すると、技を掛けていると相手に感じさせないところが重要になります。

また、「パームガード」は汎用性があり、多くの状況で活用できます。たとえば「能動的パームガード」というのがあります。通常は、迫ってくる相手の動きに合わせて、こちらが受動的にパームガードをしますが、「能動的パームガード」の場合は、イベントや店舗などで騒いだり、威嚇するなどトラブルを起こしている人物に対して、「青眼の構え」で言葉をかけながら近づき、即座にパームガードで動きを制御する方法です。予想外の動きに相手は動くことができなくなります。

さらに複数人で取り押さえる方法もあり、1人がパームガードで動きを制御している間に、別の人が後ろから近づいて取り押さえて身動きできない状態にします。相手を怪我させずに取り押さえることができるパームガードは、警備業界や教育現場でも採用される効果的な技術なのです。

「パームガード」の具体的な手順

① 第一段階

相手と距離がある段階で「青眼の構え」をとる。「どうしました?」「まあまあ、落ち着いてください」など、言葉をかけて相手の気持ちを和らげるよう努める。この言葉をかけることにより、自分を「面倒な相手」として認識させることができ、諦める可能性も生まれる（1）。

② 第二段階

それでも接近してきた場合、相手の肘関節付近を掌で押さえる。正確な位置は、手刀（掌の側面）が相手の肘関節に当たる部分。ポイントとして、チンピラが最後の一歩を踏み出す直前に、こちらが一歩踏み出して「先をとる」状態にすると、相手の気を外すことができる。続けて、言葉をかけて気持ちを和らげるよう努める（2、3）。

③ 第三段階

第二段階で言葉による説得も功を奏せず、相手が攻撃を仕掛けた際、肘に圧力をかけて押し込んでいく。見物人など他に第三者がいれば、協力して相手を制してもらう（4）。

この一連の手順は、最後まで攻撃的な行動を避けているため、相手との話し合いの余地を保つことができます。このやり方を知っているのと知らないのとでは、結果が大きく変わってきます。話し合いの余地があるということは、お互いが和解し、平和的に解決できる道が残されているからです。加えて、警察が介入する事態になった場合、周囲の証言も合わせて、自分が逮捕されるリスクは低いと言えるでしょう。

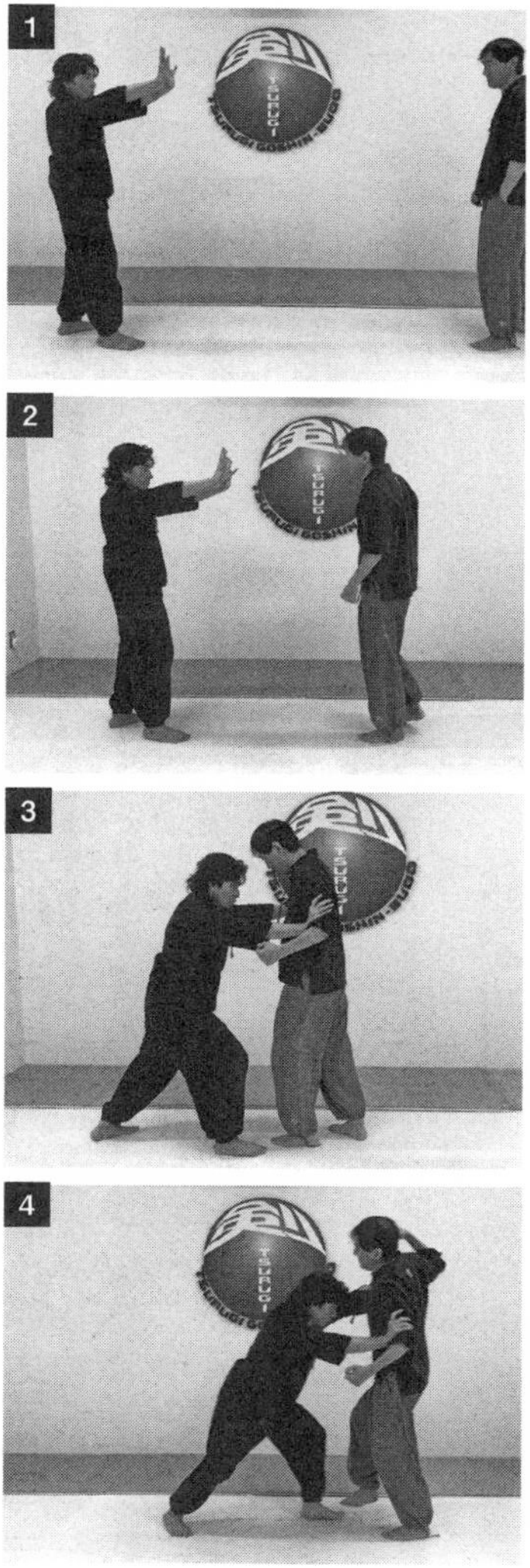

動画はこちら

「パームガード」の腕の使い方についてのポイント

① 悪い例：腕を曲げて相手の肘を押さえる方法

この方法では、相手が力強い場合、自分が押し負けるリスクが高まる（5、6）。また、相手との距離が近すぎると、次の動きを予測するのが難しく、蹴りやその他の攻撃を受けやすくなる。

② 良い例：腕を適度に伸ばして押さえる方法

腕を適度に伸ばすと、伸筋が優位となり、強固な状態を作り出せる。伸筋が優位になるということは、関節を伸ばす動作が強化されることを意味する。これにより、押し負けにくくなる（7、8）。さらに、適切な距離を維持できるため、相手の動きを予測しやすくなる。

実際に壁を押して確認することで、腕の曲げ方による力の違いを体感できる。腕を曲げた状態では力が効率的に伝わらず、壁への圧力は弱い（9）。一方、腕を伸ばして押すと、その強さを実感できる（10）。

電車の中でからまれたらどうするか

座席に座っている状態で、からまれたときの対処法を紹介します。

①初期段階：「青眼の構え」で、相手に心理的な壁を感じさせる。そして、「どうしましたか？」「何か怒らせることをしましたか？」「まあまあ、落ち着いてください」など言葉をかけて気持ちを落ち着かせるよう努める（1）。この構えによって、相手が攻撃してきた際に防御しやすくなる。まずは、相手の言葉に耳を傾け、話し合いで解決することを試みる。

②攻撃してきた場合、掌を相手の顔に向けて突き出すと、攻撃を防御しつつ、相手に心理的なインパクトを与えることができる（2）。

③相手に隙ができたら、素早く立ち上がって「パームガード」で動きを制御する。そのまま、言葉をかけて気持ちを落ち着かせるよう努める（3）。

④さらに攻撃しようとしてきた場合は、圧力をかけて体勢を崩し、第三者と協力して

相手を制してもらう（4）。

立っている状態でからまれた場合は、「青眼の構え」でいつでも攻撃に対応できる状態にして、気持ちを落ち着かせるよう言葉をかける。距離がかなり近い場合は、顔の前に掌があると何らかのアクションを起こす可能性があるため、掌で相手の腕に軽く触れた状態にして言葉をかける。この状態であれば、いつでも「パームガード」に移行できる。

動画はこちら

いざというときに特別な能力がなくても大丈夫

1．「喧嘩の仲裁に入ったら自分に矛先が向いて……」T・Fさん

友人と釣りに行った際、友人が他の男性と口論になり、殴り合いに発展しそうになったので私が仲裁に入りました。ところが、その男性の怒りの矛先が私に向いて詰め寄ってきたのです。彼は100キロ近くありそうな体格。そのとき、「パームガード」を使って彼の動きを制し、落ち着くよう言葉をかけました。それでも彼が前に進んできたため、男性を後ろに押すと、ちょうど近くのテトラポットに座る形となり、その隙に友人と2人で止めに入ると、彼も気持ちが落ち着きました。その後、積極的に彼に声をかけ、友人と彼は親しくなりました。それから釣り場で出会うと、彼らはまるで昔からの友人のように楽しく話しています。

2．「キレる様子で今にも殴りかかってきそうな勢いで……」H・Mさん（駅職員）

終夜勤務中、階段をふさぐように寝入った酔っ払いの男に声をかけ、体をゆすったが起

きず、腕を掴んで起こそうとしたところ、男が突然立ち上がり、キレる様子で迫ってきました。言葉で制止しようとしましたが、逃げることもできず、そのとき「パームガード」を思い出し、男の両腕を押しました。見様見真似でスムーズでなかったが、なんとか押し続け、柱に押し付け、近くのお客さんに110番を頼みました。眼鏡がゆがみましたが、他の大きな被害もなく済みました。

3．「チンピラたちにからまれ……」K・Tさん

会社帰りにチンピラ風の男たちに遭遇し、からまれました。すぐさま「緊急時の呼吸法」で気持ちを抑えようと試みると精神的に余裕が生まれました。そして、1人が近づいてきたので「パームガード」をしました。思うように動くことができなくなったチンピラは、顔を真っ赤にしながら抵抗してきましたが、こちらは「まあまあ」と言いながらずっと抑えたまま耐えました。とうとう根負けしたのか何か言いながら（よく聞こえませんでしたが）チンピラが離れていきました。もし殴り合いに発展していれば問題がややこしくなって終電を逃していたでしょう。

このように、「パームガード」は特別な能力がなくても、いざというときに使える技術です。自分の身を護り、かつ、平和的に解決するために、「パームガード」の技術習得をお勧めします。

「まあまあ、落ち着いてください」的ガードはけっこう使える

人間関係のトラブルやからまれた際に、突然攻撃されることがあります。このような状況で「掴んできたら、この技」「殴ってきたら、この技」という具合に、攻撃によって対応法が変わる護身術では、実戦で使えるのに長期間の訓練が必要になります。そこで、掴みかかってきても、殴ってきても、シンプルな動きで対応する技術を紹介します。

それが「まあまあ、落ち着いてください」的ガードです。名前の通り、「まあまあ、落ち着いてください」的な動きで相手の攻撃をガードしながら、言葉をかけて気持ちを落ち着かせるよう努めます。具体的なやり方を紹介します。

① まずは、「青眼の構え」をとり、言葉をかけて気持ちを落ち着かせるよう努めます（1）。

② 相手が何らかの攻撃をしかけてきたら、すかさず掌を激しく前後に動かし、攻撃しづらい状況を作ります（2、3）。この動きだけで、掴みに対しても、打撃に対しても対応が可能になります。そのまま言葉をかけて落ち着かせるよう努めます。

動画はこちら

セミナーや講座等でこのガードを紹介すると、独特な動きに初めはクスっと笑われます。ところが、実際に体験してもらうと、シンプルな動きなのに効果が高いことを実感してもらえます。2022年に東京都内で起きた子どもの連れ去り未遂事件では、母親が同じような動きで抵抗し、男の犯行を諦めさせました。見た目以上に、護身力の高い技術であることを知ってください。

第5章

非力な人でも気弱な人でも負けない方法

実戦編3
危機から抜け出すための護身術

自分よりも強い相手に負けない方法

第5章では、前章よりもリスクの高い状況から身を護る方法について紹介します。こうした状況で、「相手に勝つこと」を目的にした場合、自分は相手よりも総合力（第1章参照）で上回っていなければなりません。しかし、自分が相手よりも総合力（戦闘能力）で上回っているかどうかは、実際に戦ってみないとわからないのです。つまり、勝率は50対50で、ギャンブルに近いものとなります。

そもそも、相手よりも戦闘能力で上回るためには、相手を超える訓練が必要ですが、その訓練量がどれくらい必要なのかは未知数です。世の中には自分より強い人間が多く存在します。頭が痛くなる話ですよね。

このように、「勝つための戦い」を護身術の視点から考えると、大多数の人がその戦術で身を護れるとは、現実的に考えにくいでしょう。それゆえ、「負けない戦い」が重要となります。

「負けない戦い」の優位性は、このような予測不能な状況で初めて実感できるものです。第2章で「この戦い方の優れたところは、『勝つ』ことにこだわらず、『負けない状態』に徹することで、相手は攻略が難しくなることです」と解説しました。**まさに、「勝つこと」を〝捨てる〟からこそ生まれる「手強さ」です。**

まず、「負けない状態」を維持するために、相手と同じ土俵で戦わず、こちらから積極的に攻撃を加えようとしないため、隙が生じにくくなります。これだけで相手はやりづらくなります。また、相手の攻撃にいっさい付き合おうとしないため、まったく噛み合うことがありません。これほど面倒な相手はいないのではないでしょうか。

この戦い方が徹底できれば、たとえ自分より大きく、強そうな相手であっても、「負けない」ことが可能になるのです。つまり、最終的に生還できる可能性が高いということです。

本章では、この考え方を原則とした護身術を紹介していきます。一見するとシンプルで地味な方法に思えるかもしれませんが、**あなたを家族の元へ無事に帰すという目的**で考えた場合、これ以上の護身術は存在しないと自信を持って言えます。

実際に多くの人がこの方法で身を護ることができました。現実的な観点から、ぜひともこの技術を身につけていただきたいと願っています。

アグレッシブに掴みかかってきたら

アグレッシブに掴みかかってきたときの護身術を紹介します。名付けて「剣流グラップリング」です。この剣流グラップリングこそ、「負けない戦い」を体現した技術となります。そのため、剣護身術では「負けない戦い」を身につけるための訓練として剣流グラップリングを必ず実施しています。

多くの格闘技で見られるグラップリング技術は、双方が組み合うスタイルが一般的です。これは「相手に勝つこと」を目的にしているからです。

一方、剣流グラップリングは「負けない戦い」を基本原則としているため、相手が組みつこうとしても、それには付き合わず、常に「負けない状態」を維持するための動きに徹します。

今回は初歩的な技術を紹介しますが、これだけでも実際に使える護身術となります。

①「青眼の構え」をとった状態で、相手が掴みかかってきたら、その腕を外側から払う（1、2）。

②すぐさま、もう片方の手を相手の顔（正中線）に突き出す（3）。さらに1、２回連続で手を突き出すと、次の攻撃を遅らせることができる。

③この繰り返しにより、相手はやりづらさを感じる（4）。

動画はこちら

1

2

3

4

「パームガード」で動きを制御する方法

① 相手の腕を払ったあと（5）、すぐさま肘付近を掴んで「パームガード」で動きを制御する（6）。

② 見物人など他に第三者がいれば、協力して相手を制してもらう。

5

6

剣流グラップリングは、シンプルな動きで構成されているため、正しい訓練を積めば短期間で強くなることができます。

実際に格闘技の経験のない人が、継続的な稽古を通じてどんどん上達し、格闘技経験者が本気で攻撃しても、容易に攻略できないほどに強くなっています。これは「負けない戦い」を基本原則にしているからに他なりません。稽古すればするほど、着実に強くなっていく実感があり、それが彼らのモチベーションに繋がり、さらに稽古に熱が入っていくのです。このように「負けない戦い」という考え方は、未経験の人にとって特に魅力的に映るようです。

そうして強くなった彼らが、指導者として格闘技経験のある人に指導する姿は頼もしくもあり、「この道で間違いはない」という確信を私にもたらしてくれます。

また、剣流グラップリングの素晴らしさはそれだけにとどまらず、さらに上達してくると、同様の動きで打撃に対しても対応ができるようになるところです。この技術を「千手《せんじゅ》システム」と呼びます。格闘技のように多くの技術を覚える必要はなく、シンプルな動きで打撃に対応できる革新的な技術となります。

さらに、剣流グラップリングは「一つになる呼吸法」との相性が抜群です。この呼吸法の鍛錬と併せて訓練を行えば、技術の向上速度がさらにアップします。

掴まれてしまった場合の対処法

① 腕や首、衣服を掴まれた際、体勢が崩れないように軸を真っすぐに保つ（1）。
② 相手の顎に触れ、顔の向きを変えて（旋転技法）、相手の体勢を大きく崩す（2）。
③ 崩しは一回で終わらず、連続で行うことで引き離すことができる（3）。

仮に掴まれてしまった場合も、「負けない戦い」を原則として戦います。つまり、掴まれてもこちらは掴み返すことなく、引き離して距離を取る戦術に徹するのです。

動画はこちら
5-1-2

胸ぐらを掴んで凄んできたら

胸ぐらを掴まれるのは、誰にとっても不愉快な経験です。私も過去にいじめを受けていた頃、よくやられていました。脅される状況では、このような状況が非常に多いです。そのため、胸ぐらを掴まれたときの護身術を紹介する動画をYouTubeでよく見かけます。

しかし、武道系で多いのが、掴んできた腕に関節技を極めるというものですが、これは実戦では使えません。

現実的には、かなり抵抗されるため、演武のようにはいかず、また、もたもたしていると顔面を殴られるリスクもあります。

また、相手の片腕に対して、両手で技をかける時点で「負けが確定」します。なぜなら相手は片手、自分は両手を使っていますから。もう片方の手で攻撃してくるのは、ほぼ間違いないです。

加えて、これらの技術を身につけるには時間がかかります。合気柔術の師範をしている私が言うのも何ですが、実戦で柔術技法が使える場面はかなり限定されてしまいます。

さらに、反撃をするということは、相手と同じ土俵で戦うことを意味します。そうなれば総合力で上回るほうが勝ってしまいます。それに、相手が1人とは限らず、予期せぬ反撃を受け、大怪我に繫がるリスクも高まります。どのような状況であっても、攻撃的な技で反撃するやり方はお勧めできません。

そこで、胸ぐらを掴まれた際に、殴り合いに発展させることなく、穏便に解決する方法を紹介します。

この方法は「負けない戦い」を原則としており、相手の攻撃に対して攻撃で返すのではなく、適切な言葉や行動で相手の気持ちを落ち着かせ、状況を収めることを目的としています。

① 胸ぐらを掴んで脅された際、「青眼の構え」をとり、「まあまあ、落ち着いてくださ い」など言葉をかけて気持ちを落ち着かせるよう努める。また、構えがあることで、

打撃に対処しやすくなる。ただし、このときは自分の顔の高さで構えないこと。目の前に手があると邪魔になり、相手が何らかのアクションをとる可能性がある（1）。

②

相手が攻撃姿勢を見せたら、両掌で相手の二の腕を挟むように圧力をかけ、さらに距離を詰めて胸ぐらを掴んだ腕を固めるようにする。このときも言葉をかけて気持ちを落ち着かせるよう努める（2、3）。周囲に他の人々がいれば、協力して相手を制してもらう。

動画はこちら

相手の力が強く、動きを制御できない場合

① 相手の顎に触れて、優しく顔を上に向けて体勢を後ろに崩す。不必要に力を加えると頸椎《けいつい》を痛めてしまうため注意（4）。

② そのまま圧力を弱めずに前に押し出していく。周囲に他の人々がいれば、協力して相手を制してもらう（5）。

③ 相手が手を離したら、素早く距離をとって離脱する。

動画はこちら

胸ぐらを掴んで殴ってきたら

胸ぐらを掴んだあとの次のアクションで多いのは打撃です。そのため、胸ぐらを掴まれた時点で、打撃への警戒をしなければなりません。YouTube等で見かける対処法では、打撃への警戒が足りないように見受けられます。特に一部の武道系護身術は、胸ぐらを掴んできた手に技をかけますが、柔術的な技をかけようとすると相手がかなり抵抗するため、技を成立させるのが難しくなります。これらの技術を護身術に採用してしまう原因は、型稽古ばかり重視して、組手をまったくしない武道家が考案するからです。

剣護身術でも「柔術技法」は稽古しますが、実戦で使用するものではなく、あくまでも崩しの原理や身体構造の理解、力の使い方などを身につけるためです。

柔術技法でバシッと技が決まると確かにカッコいいですが、それは演武の世界のものだと理解してください。特にショート動画やTikTokの護身術動画は、エンタメ要素が強く、再生回数の増加を狙っているため、それらを鵜呑みにしてしまうのは危険です。

というわけで、いくつかのバリエーションから、ここでは最も簡単な方法を紹介します。

① 胸ぐらを掴まれた状態で、相手がもう片方の手で殴る素振りを見せていた場合、いつでも打撃に対応できるように自分の手を相手の腕の近くに置いておく（1）。

② 相手が殴ってきた際、即座に相手の肘近くを手刀で受け止める。受け止める際の腕を適度に伸ばすことで、伸筋優位となり、強い圧力を受け止めることができる（2）。

③ 両掌で相手の二の腕を挟むように圧力をかけ、さらに距離を詰めて胸ぐらを掴んだ腕を固めるようにする（3）。

1

2

3

動画はこちら

相手の打撃を手刀で受け止められず、すっぽ抜けた場合

① 手刀で受け止めようとした際、すっぽ抜けて自分の腕の下に相手の腕が入り込むことがある（4）。

② 素早く相手の腕を取り、肘を制御する。肘の少し上の細い部分を掴むと、制御が容易になる。その後、もう片方の手で相手の二の腕に圧力をかけ、さらに距離を詰めて胸ぐらを掴んだ腕を固定する。この技術では、肘を制御しているため、相手の動きを抑制しやすくなる（5）。

4

5

動画はこちら

近い間合いでいきなり殴ってきたら

これもよく見かける光景ではないでしょうか。

たとえば口論が発生した際、相手との距離が非常に近くなることが一般的です。また、予期せずに突然人が接近してくることも考えられます。

このような状況で突然殴ってきた場合、避けるのは至難の業となります。しかし、シンプルな動作でその突然の攻撃を避ける方法があります。

① お互いが1ｍ以内の近い間合いで立っている場合、いつでも攻撃に対応できる心の準備をしておく（1）。

② 相手が攻撃の動きを見せた瞬間、自分の顔を下に向けると同時に、両手を相手の顔に向かって突き出す。攻撃をガードするだけでなく、相手にインパクトを与えることができる攻防一体の技術（2）。

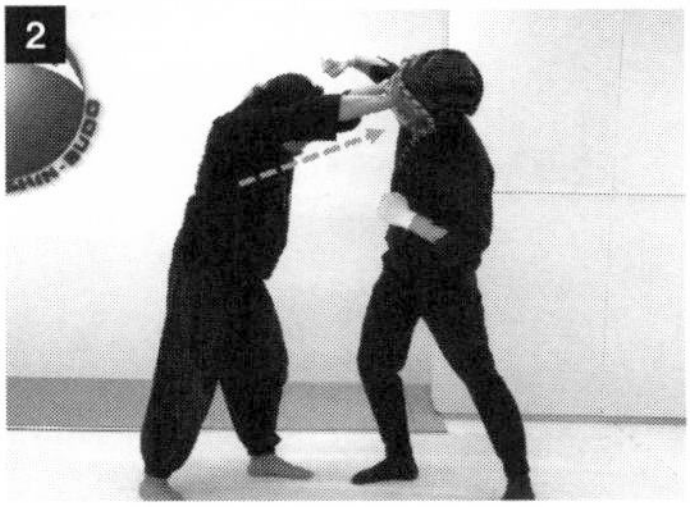

動画はこちら

できれば、相手に接近させる状況を作らないように心掛けることが大切です。加えて、「青眼の構え」をとれば、多くの危険な状況を未然に防ぐことができます。

刃物攻撃への備え

近年、刃物による凶悪事件が増加しています。

なかでも無差別に襲い掛かる通り魔事件は社会に衝撃を与えました。２０１９年５月の川崎市登戸通り魔事件、２０２１年８月の小田急線無差別刺傷事件、２０２１年11月の京王線刺傷事件など、その犯行理由はとても身勝手であり、多くの人々を不安や恐怖に陥れました。無差別に人を狙うこれらの行為は、誰もが犠牲者となり得るという危機感をもたらしています。

自分や家族を護るためには、刃物攻撃に対しての対処法は知っておかなければなりません。「想定外を想定内にする」ことで、突然の攻撃への一瞬の動きが変わってきます。本書で紹介する刃物攻撃への対処法は、少しの訓練で習得できるシンプルな技術です。**訓練を通じて、刃物攻撃の危険性とそれに対処することの難しさを実感することで、〝正しく恐れる〟姿勢が身につきます。**

この意識が高まることで、自らを危険な状況にさらす行動を避けるようになります。特に、歩きスマホは画面に意識が集中しているため、周囲の状況認識が低下します。通り魔に遭遇した際、その一瞬の遅れが命取りとなることもあります。周囲の観察も忘れず、行動には十分な注意を払ってほしいです。

突然、刃物で襲われそうになったら

近年、見知らぬ人を巻き込んだ無差別事件が発生しており、誰もが突如、事件の当事者になるかもしれない時代となっています。これは他人事ではなく、私たち一人一人が護身力を高める努力をしなければならない状況と言えるでしょう。

特に、無差別事件で多いのが「刃物を用いた攻撃」です。このような予期せぬ状況に、即座に対応するための方法を知っておくことは、今や必須となっています。

ここで紹介する護身術は、シンプルな動きで瞬間的に身を護る方法です。

前述したように、専門的な技術ではないため、身を護れる箇所は限定的ですが、それでも命を護るのに十分な役目を果たします。ぜひ、繰り返し訓練をして自分のものにしてください。

腹部に向かって突然刺してきたときの護身術

① 腹部を狙った突如の刃物攻撃（1）。

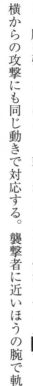

② 手をしっかり開いた状態の伸筋優位の腕を用い、攻撃の軌道を変えつつ腰を引くこと。腰を引くことにより、刺されるリスクを低減させる（2）。

③ 横からの攻撃にも同じ動きで対応する。襲撃者に近いほうの腕で軌道を変えること（3、4）。

動画はこちら

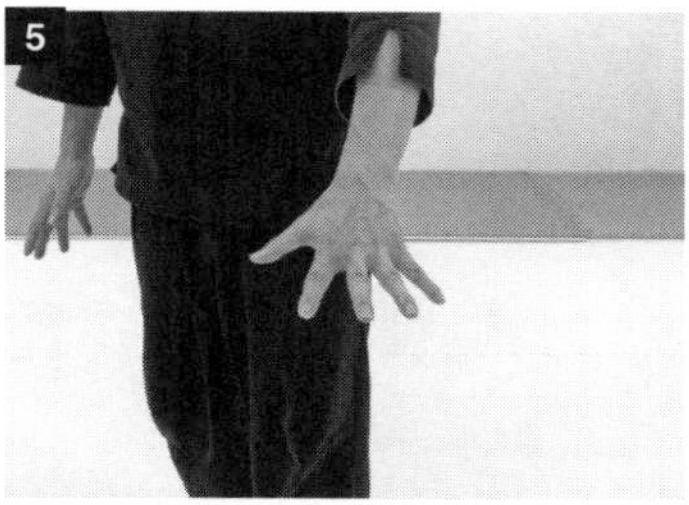

ポイント

・この護身術で腹部は護れるものの、頭部の防御は難しい点を理解すること。

・手を開いた伸筋優位の強い腕で、攻撃の軌道を変える（5、6）。

・腰を引く動きは、「及び腰」とも表現されるが、突然の攻撃に即座に反応して腰を引く動きは非常に迅速であり、刺されるリスクを低くするために活用する（7）。

・腕は上から下に向かって内側に回す動きで攻撃の軌道を変える（8）。

・訓練を実施する場合、正面から横側の範囲の攻撃に対処できるようにすること（9、10）。

・横側からの攻撃に対しては、攻撃者をギリギリまで見ないようにし、横目で不審な動きをキャッチしてから対処できるようにすること。目を正面に向けたままで見える広さを「周辺視野」といい、あらゆる方向からの攻撃に対処する護身術では極めて有効となる。パフォーマンス向上にもつながるため、積極的に鍛えることを勧める。

動画はこちら

横から首を狙って刃物を振ってきたときの護身術

① 首を狙った突如の刃物攻撃（11）。

② 襲撃者の反対方向へと、肩から斜め下に身をかわすような動作を取る（12、13）。

③ 避けた後は、速やかにその場から離脱する。

11

12

13

動画はこちら

ポイント

・この護身術では、肩や背中を斬られる可能性があるが、首や頭部を護ることを最優先にした技術であることを理解すること。
・避ける動作の際、肩を走らせるような感覚で訓練すると動きがより素早くなる。

刃物を持った相手への対応① 有効なバッグの使い方

ビジネスバッグやリュックで身を護る方法を紹介します。基本的にはバッグを盾にして、その場から離脱しますが、予期せず自分が攻撃の対象となることも考えられます。その際は、バッグを盾として戦わなければなりません。ここで紹介する護身術は、電車内で事件が発生した状況をイメージしていますが、それ以外の場所でも同様に対処します。

バッグの構え方

両端を持ち、腕は適度に伸ばして盾のように使用する。「青眼の構え」と同様に心理的な壁を感じさせることが重要（1、2）。リュックの場合は横にして構えること。基本的には構えたまま、その場から離脱することを推奨。

巻で見かける護身術で、バッグを持つ手を隠す方法を紹介している。確かに、この方法は手が斬られるリスクを少なくするが、バッグの構造上、持ち方が不安定になり、強い攻撃を防御できない可能性がある（3、4）。このような不安定な状態で、連続攻撃を受けると刺されるリスクは格段に上がってしまう。また、持つ際に時間がかかるため、予期せぬ攻撃に素早く対応できないこともある。「命を護ること」を最優先にし、速やかに構えられる方法を選ぶことが大切である。

動画はこちら

刃物で突いてきた場合

突如、刃物で突いてきた際（5）、バッグを突き出して、刃物か相手の腕に押し当てる。狙って当てることはできないため、刃物を含めた腕全体を狙う（6）。

上から斬りつけてきた場合

突如、上から斬りつけてきた際（7）、バッグを上に向かって突き出し、同様の動きで防御する（8）。

動画はこちら

体格的にこちらが有利であるか、訓練を受けている人の場合

襲撃者の肘付近にバッグを押し当て、相手の中心軸に向かって圧力を加えると動きを制御しやすい。上手くいけばバランスを崩すことができる（9、10）。

また相手に勢いがある場合、力のベクトルを変えて流すことで、隙を作り、離脱しやすくなる（11、12）。

相手がバランスを大きく崩して倒れても、深追いはしないこと。

動画はこちら

巷には、バッグを持つ腕を曲げた状態から刃物攻撃に対処する方法を見かけます（13、14）。しかし、この方法は腕力を使ったものであり、訓練を受けていない未経験者や、体格で劣る人では、力で押し切られてしまうリスクがあります（15）。これは、未経験者の指導経験が乏しい指導者が考案するために起きる弊害です。

一方、バッグを持つ腕を適度に伸ばせば、伸筋優位の状態を作れるため、体格的に劣っていても強い状態で攻撃を受けることができるようになります（16）。

動画はこちら

刃物攻撃への対処法はリスクが高く、１００％身を護れる保証はありません。ただ、対処法を知ることで、瞬時の判断や行動が変わり、命を護れる可能性を飛躍的に高めることができます。また、刃物相手の場合は恐怖心が伴うため、「緊急時の呼吸法」を忘れずに活用してください。

刃物を持った相手への対応② 自分の傘を武器に

傘を使った護身術を紹介します。重要な点は、**相手との距離を保ち、膠着状態を生み出して、相手に諦めさせることを目的としていることです。**傘を武器にして、相手を撃退する方法はできるだけ避けてください。襲撃者と条件が近くなるため、刃物を持った相手が有利になります。

ここで紹介する護身術は、「負けない戦い」を原則としており、幾多の検証を繰り返した、未経験者でも短期間の訓練で使える実用的な方法となります。

傘を閉じた状態で身を護る方法

① 刃物を持った相手と遭遇した際、傘の先端を相手の顔に向けて構える。同時に先端を揺らして、いつでも攻撃できる構えであることを示し、相手が接近しづらい雰囲気を出す（1）。女性や筋力に自信のない人は、両手持ちで構えること（2）。

② 相手が接近する素振りを見せた際、勢いよく上段から振り下ろし、そのまま顔に向けて傘の先端を突き出す（3、4）。

③ 相手が下がったら、再び距離を保つ。

動画はこちら

5-14

1

2

3

4

ポイント

・必要以上に接近されると、傘を掴まれてしまうため注意する（5）。

・傘の一番太い部分を掴む。持ち手を掴むと、構造上弱いため、持ち手部分が折れる可能性がある。また、重くなるため扱いが難しくなる（6）。

・大声を発すると、心理的インパクトを与えることができる。

・自分を「面倒な相手」「手強い相手」と思わせることが重要。

・傘の打撃力は小さく、興奮状態の相手には通用しにくいため、戦いは避けること。

5

6

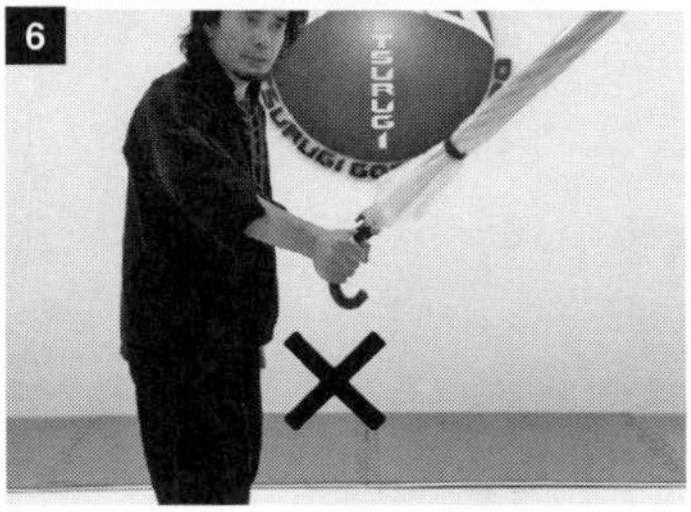

傘を開いた状態で遭遇した場合

① 刃物を持った相手と遭遇する（7）。

② 相手が接近する素振りを見せた際、傘の先端を相手の顔に向けて真っすぐ突き込む（8）。

③ そのまま前に2、3歩ほど押し込む。

④ 傘から手を放して素早く離脱する（9）。

動画はこちら

5-15

ポイント

・傘布（傘の広がっている部分）が壁の役目を果たすため、物理的、心理的圧力を与えることができる。
・必要以上に接近されると、傘を掴まれてしまうため注意する。
・突き込む際に、大声を発すると、心理的インパクトを与えることができる。

刃物を持った相手への対応③　バッグと傘の混合技

バッグを盾にして、傘で相手を威嚇する方法です。これも同じく、相手との距離を保ち、膠着状態を生み出して、相手を諦めさせることを目的としています。

「盾と矛」の攻防一体の構えによって、相手に心理的圧力をかけ、近寄りにくい雰囲気を生み出すことができます。リスクを避けたい相手は、この段階で諦めて離れる可能性があります。この技術の本当の目的はここにあります。有効な護身術は、最後の最後まで戦闘を避ける方法なのです。

① バッグを盾になるように持つ。もう片方の手で傘を構え、先端を揺らして、いつでも攻撃できる構えであることを示し、相手が接近しづらい雰囲気を出す（1）。

② 相手が接近する素振りを見せた際、傘を相手の顔の方向に向けて、勢いよく何度も振る（2）。

③ 相手が下がったら、再び距離を保つ。

④ 顔に向けて連続で先端を突き込む方法もある（3）。

1

2

3

動画はこちら

ポイント

・傘は大振りよりも、小さく鋭く振ったほうが心理的インパクトを与えられる。
・大声を発すると、心理的インパクトを与えることができる。また、自分自身を鼓舞することができる。
・自分を「面倒な相手」「手強い相手」と思わせることが重要。
・傘による打撃は威力が小さく、興奮状態の相手には通用しにくいため、攻撃的な行動に出るのは避けること。

自宅やオフィスに催涙スプレーは必須

刃物相手の訓練をしていると、改めて刃物から身を護ることの難しさを思い知らされます。だからこそ、リスクを最小限に抑えて、襲撃者を効果的に撃退できる「催涙スプレー」の存在は大きいです。ワンプッシュで簡単に発射できる催涙スプレーは、長期の訓練を必要とせず、誰もが使用できます。

また、どんなに屈強な男でも、命中すれば激痛でのたうち回り、しばらく動けなくなります。これだけ強力な威力がありながら、非殺傷武器であるため、躊躇することなく使用することができます。**弱者が刃物を持った脅威から身を護るには、最も適した武器と言えます。**

2022年から広域強盗事件がニュースを騒がせましたが、室内や店舗に侵入され、命の危険にさらされる状況では、催涙スプレーは絶大な効果を発揮することでしょう。

日本では、催涙スプレーの認知度がまだ低く感じますが、その理由は犯罪に使用されるイメージが強いためであるかもしれません。しかし、誰でも短期間の訓練で使用でき、リスクを最小限に抑えながら、確実に襲撃者を撃退できるのは「催涙スプレー」をおいて他にありません。中には、木刀やゴルフクラブを護身用に置いている人もいますが、狭い空間では扱いにくく、ある程度の訓練が必要になります。さらに武器を奪われてしまう恐れもあります。

それに比べて、催涙スプレーなら離れた場所から噴射できるため、リスクをかなり抑えることができるという利点があります。

剣護身術が、催涙スプレーを推奨している理由がここにあります。

催涙スプレーに使用されるガスは数種類ありますが、最も使われているのがＯＣガス（オレオレジン・カプシカム）のタイプで、いわゆる「トウガラシスプレー」と言われるものです。世界各国の軍や警察が使用しており、興奮状態の犯罪者、精神異常者に対しても効果的だと言われています。また、トウガラシが元となっているため、健康状態にも問題がありません。

ただし、催涙スプレーは強力な武器であるため、扱い方を間違えると凶器となってしまいます。慎重に扱い、安易に噴射しないように心がけてください。

また、使用後には、ＯＣガスが自分の肌に付着しないよう注意し、速やかに手から腕全体を石鹸で洗い流してください。

剣護身術の母体であるＩＧＢＡ（国際護身武道連盟）では、総合護身インストラクター養成のため、催涙スプレーなど「護身具術」の習得を目的に、ＳＳＲセルフディフェンスの河合代表を講師に迎えています。今回は、河合代表のテクニックを一部紹介します。

催涙スプレーの構え方「ウィーバースタンス」

右利きの場合、左手左足が前になり、右手右足が後ろになる（1、2）。

この構えは、正面から突進してきた襲撃者に対し、後方に素早く移動しながら噴射できる（3）。

催涙スプレーの効果で襲撃者が完全に動けなくなった場合、深追いせず、速やかにその場から離れて警察に通報すること。

動画はこちら

5-17

女性のための護身術

金的蹴りは本当に有効なのか

護身術として代表的な技の一つが、男性の急所を狙った「金的蹴り」です。護身術の動画や解説書などでは、必ずと言っていいほど紹介されます。そのほとんどは、「金的を蹴られた男性が動けなくなり、その隙に逃げる」というもの。実際のところ、金的蹴りはどのくらい有効なのでしょうか？

格闘技の試合では、ローキックの狙いが外れて、金的に入ってしまい、対戦相手が激痛に顔をゆがめてしゃがみこんでいるシーンを見かけます。私自身、初期の頃、訓練中にたまたま相手の金的蹴りが入ってしまい、激痛でしばらく動けなくなるという経験をしました。

このように金的にまともに蹴りが入ると、どんなに鍛え上げた男性でも、激痛でまったく動けなくなってしまいます。これらの理由から、金的蹴りは護身術の有効な技とされています。

しかし、金的蹴りにはいくつかの問題点が存在します。

一つは、正確に金的に蹴りを入れること自体、実は難しいです。試合中に金的蹴りが入るのは「狙っていない」からかもしれません。ルール上、金的を狙うことが禁止されているため、金的蹴りへの警戒心がなく、「たまたま」入ってしまう事故が起きるのだと思われます。

たとえば、剣護身術の上級者稽古会（3級以上）では、組手を数多く行いますが、女性メンバーは「金的蹴りＯＫ」にしています。

ところが、これが意外と入らない。相手も警戒していますし、お互い動いているため、狙っても簡単には入らないのです。仮に当たったとしても、相手は動いているために衝撃が分散されます。そのため、少々痛みを与える程度となるため、攻撃を簡単に止めることができません。

このように、たまたま急所に蹴りが入ることはあっても、狙って入れることは、訓練した女性でも難しいと言えます。

もう一つの理由として、格闘技未経験の女性では、そもそも「金的蹴り」自体できないという理由があります。実際にミットに向かって蹴ってみてほしいのですが、訓練をした経験がないと、意外と難しいことに気づきます。

ただ単に、片足立ちになって、もう片方の足で的に当てられればいいわけではありません。素早く、威力のある蹴りにするためには、的に当てる訓練の前に、まず蹴りの形を身につけなければならないのです。

ごくたまに、威力のある蹴りが最初からできる女性もいますが、それは稀であって、ほとんどの女性は、まともに蹴ることさえできないのです。

つまり〝的に入れば〟有効な技ですが、**実戦レベルで金的蹴りができるようになるためには、長期間の訓練が必要だということを知らなければなりません。**

多くの指導者は、未経験者への指導経験がほとんどないために、このような問題点を無視して「金的蹴り」を護身術として指導します。YouTubeでの護身術動画も多く存在しますが、誤った情報を信じてしまうことは危険です。**安全で正確な技術を学ぶためには、指導者の実績を確認することを強くお勧めします。**

女性は人間関係に「ひび」を入れたくない

女性の護身術について考えるとき、多くの人が「男性に攻撃をして、隙を作って逃げる」というイメージが強いのではないでしょうか。しかし、現実問題として、加害者が知人、同僚、上司といった顔見知りの場合、そうした護身術を使うことに躊躇してしまうかもしれません。

性暴力支援センターに寄せられる相談の8割以上は、顔見知りからの被害相談だと言われます。加害者が顔見知りの場合、周りの人に相談するのも難しく、泣き寝入りする女性も多いです。

そして、この顔見知りからの被害は、職場でのセクハラや酒席での不適切な行為といった形でも現れます。このような顔見知りに対して、護身術を用いるのは大きな問題がついて回ります。

特に、攻撃的な技を使うわけにはいきません。一つ間違えると、相手のプライドを傷つけ、人間関係に亀裂が入る恐れがあります。さらに相手が上司であれば、仕事を失うリスクも無視できません。

このような背景から、護身術を実際に使うことをためらう女性が多いのです。彼女たちは、人間関係に「ひび」を入れたくない、という本音を持っています。巷で提供される多くの護身術は、これらの事情を考慮せず、実際の現場で使えないものが多いのが現状です。

ここから紹介する護身術は、「顔見知り」を想定しています。この方法は、男性のプライドを傷つけることなく、人間関係に亀裂を生じさせずに、事態を穏やかに収めることを目的としています。

一見シンプルに見えますが、実はそのなかに合気柔術の極意が組み込まれています。ぜひ、この技術を習得してください。

男性が必要以上に近づいてきたときの対処法「パームガード0」

「パームガード0」は、従来のパームガードをベースに、実体験のフィードバックを元に女性会員から生み出されたものです。

「パームガード0」を使うことで、相手に不快感を与えず、なおかつ自分を護る〝心理的バリア〟を形成できます。さらに、いざというときには、自分の身を護る物理的なガードの役割も果たします。酒の席や電車内など、接近されやすい場所で効果を発揮します。

パームガード0の構え方

胸の高さで、掌を相手に向けながら小さく構える。この構えは、非威圧的でありながら、相手に「適切な距離を保ってほしい」というメッセージを送る効果がある（**1**）。

パームガード0のやり方

① 男性が必要以上に近づいてきた場合、パームガード0で構えて、「どうしました？」

「何か御用ですか？」と言葉をかけて、距離を保ちつつ相手の反応をうかがう（2）。

② 相手の反応や態度から、不穏な空気や意図を感じ取った場合、さりげなく理由をつけてその場から離れる（3）。

何らかの攻撃的な行動をしてきた場合

「青眼の構え」に移行して、「やめてください！」と鋭く言葉をかけて行動を制止させる（4）。

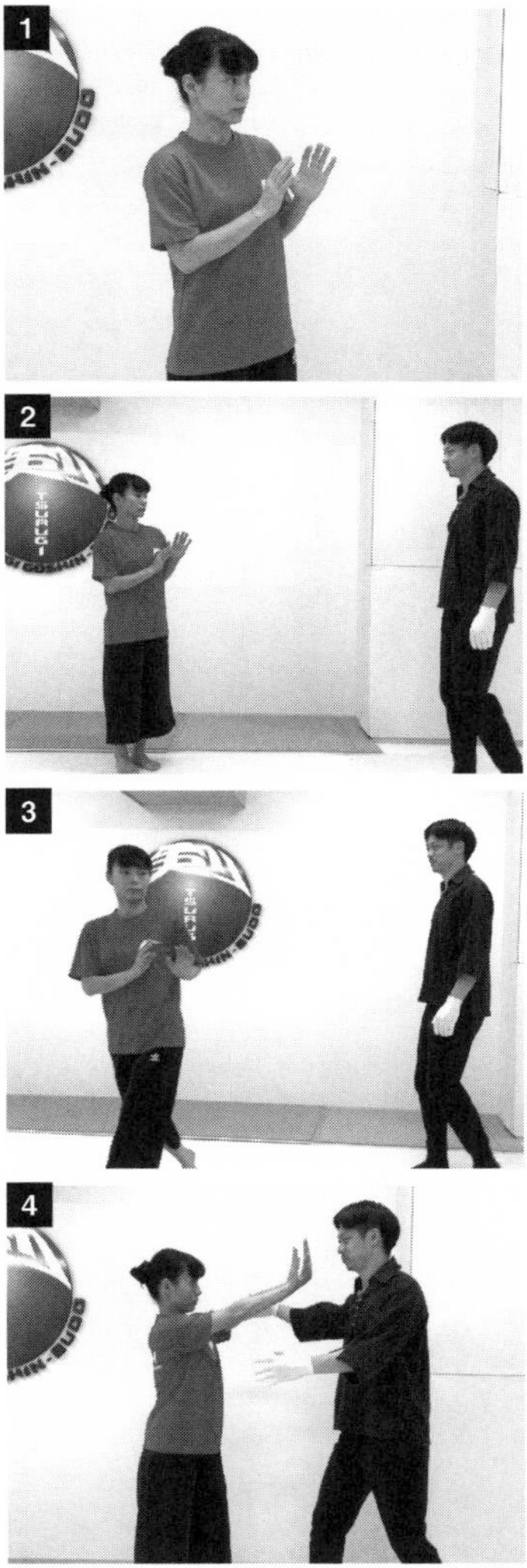

動画はこちら

5-18

肩や背中を触ってきたら

酒の席で隣の男性から肩や背中を触られたときの対処法です。イベントや居酒屋など社交的な場面で、相手のプライドを傷つけないように、やんわりと手を外します。一見、シンプルですが、多少の訓練は必要となります。この対処法は、合気柔術を応用したものです。さらに、適切な言葉をかけることで、手を外したことへのフォローもでき、また、波立った感情を落ち着かせることができます。

①　隣の男性が肩や背中を触ってくる（**1**）。
②　片手で男性の手を持ち、もう片方で肘付近に触れる（**2**）。
③　男性の手を自分の身体から外して、両手で下におろす（**3**）。
④　男性の気持ちを落ち着かせる（**4**）。
⑤　「ちょっとトイレに行ってきます」など、理由をつけてその場から離れる。

動画はこちら

5-19

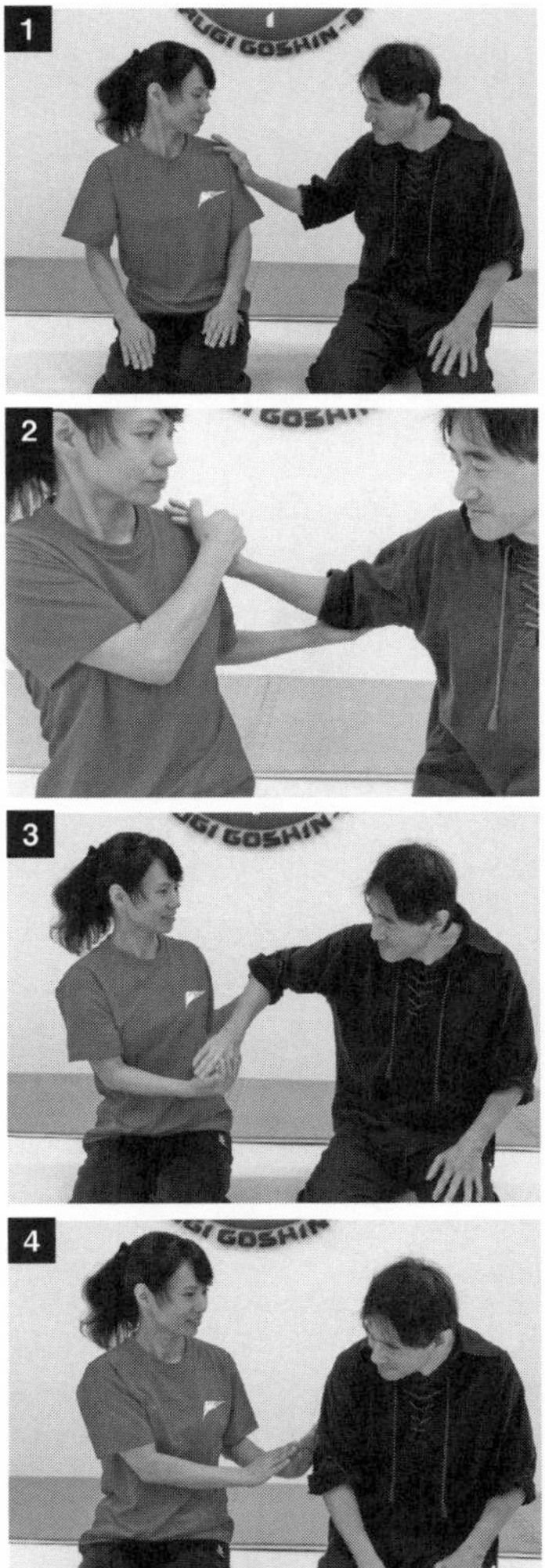

ポイント

・男性の腕に加える力が強すぎると、相手の体勢が大きく崩れてしまうため、適度な力加減で行うこと。

・相手が先輩や上司の場合、「尊敬しているので失望させないでください」と言葉をかけると思いとどまらせる効果あり。

肩に手をまわしてきたら

これも酒の席で隣の男性が肩を組んできたときの対処法です。社交的な場面で、相手のプライドを傷つけないように、やんわりと手を外します。やはり一見、シンプルですが、多少の訓練は必要となります。この対処法も、合気柔術を応用したものです。

① 隣の男性が肩を組んでくる（**1**）。
② 両手で男性の手を持つ（**2**）。
③ 頭上に上げ、男性の手を横方向に回転させると、腕の関節が固まり抵抗できなくなる（**3**）。
④ そのまま男性側におろす（**4**）。
⑤ 男性の気持ちを落ち着かせる。
⑥ 「ちょっとトイレに行ってきます」など、理由をつけてその場から離れる。

動画はこちら
5-20

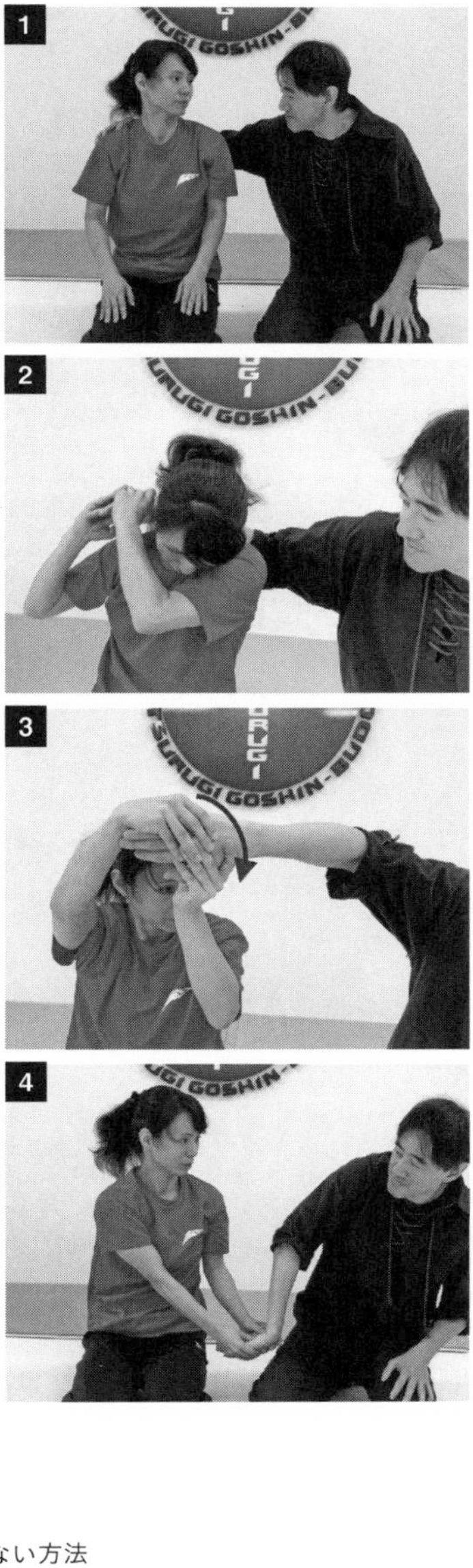

ポイント

・男性の手をしっかり掴み過ぎると、相手の体勢が大きく崩れてしまうため、手は軽く持つようにすること。

・相手が先輩や上司の場合、「尊敬しているので失望させないでください」と言葉をかけると思いとどまらせる効果あり。

手首を掴まれて引っ張られたら

護身術において、手首を掴まれた際の技は数多く存在しますが、手首を掴まれて、強く引っ張られた場合の対処法はあまり見かけません。

また、習得に時間がかかる技術、体格差があると使えない技術、身体の構造上、理に適っていない技術など、女性が使うには無理がある護身術も少なくありません。

ここで紹介するのは、身体の構造を利用したものであり、数多くの検証から生み出された、女性や子どものための護身術です。

そのなかから、一番シンプルな方法を紹介します。

① 男性から手首を掴まれて引っ張られる（1）。
② 両手を組む（2）。
③ 大きく回して外す（3）。
④ 素早く離脱する（4）。

動画はこちら

この対処法の要点は、両手を組むことで生み出される「身体の構造的な強さ」を利用し、相手の強引な引っ張りに耐えて、自身を護ることができる状態を築くことにあります。当然ながら、身体が強ければ強いほど、構造的な強さも大きくなり、有効に技を使えるようになります。

そのために本書では、身体を構造的に強くする鍛錬法として「一つになる呼吸法」を紹介しています。一つになる呼吸法は特別な器具は必要なく、身体一つあればすぐに取り組めます。また、狭い場所でも行えますので、隙間時間を利用して取り組んでください。

ポイント

・自分の両手を組むと身体が強い状態になるため、引っ張りに耐えやすい（5）。

・右手首を掴まれたときは右回し、左手首を掴まれたときは左回しと覚える。もし逆に回しても、ある程度は手を外せる（6）。

・掴まれた掌を相手に向けて回すと外しやすい（7）。

・相手の力が強くて体勢が維持できない場合は、一歩前に出ていったん体勢を整えてから手を外す（8）。

耐久実験

① 片手だけで手首を掴まれて引っ張られる状況に耐えてみる（9）。

② 同じ状況で、両手を組み、その状態で耐える（10）。

この実験から、両手を組んだときの体の強さ・安定性を実感できる。

9

10

この実験は気軽に取り組めるため、ぜひ体験してみてください。実際に両手を組んだときの身体の強さ・安定性を実感できるはずです。身体の仕組みを理解すれば、少しの工夫で体格差を克服することもできます。自分の身体にある優れた能力を生かしてください。

抱きついてきたら

男性が抱きついてきたときの対処法を紹介します。剣護身術の頭部をコントロールする技術（旋転技法）を使って、男性の前進してくる力を利用して顔の向きを変え、体勢を崩す方法です。

顔が向いた方向に動こうとする身体の構造を利用した技で、大きな力を使わずに相手の体勢を崩すことができます。後述するポイントを抑えて実践すれば、予想以上に効果的な護身術となります。

① 「青眼の構え」をとった状態で、男性が抱きついてくる（1）。

② 片方の掌で男性の顎に触れて、顔を上向きにして相手の体勢を後ろに崩す。同時に、もう片方の手は男性の腕を掴む（2）。

③ 圧力を加えたまま2、3歩前進し、素早く離脱する。上手くいけば、男性はバランスを失い、尻もちをつくことも（3、4）。

動画はこちら

この対処法は、主に女性向けに紹介していますが、相手を傷つけない技術であるため、警備やボディーガードの現場でも活用できます。怪我をさせずにトラブルを解決する必要がある厳しい現場では、このような技術が必要とされおり、実際に警備会社で採用しているところもあります。また医療現場でも、患者の暴力から身を護る方法として応用可能です。体格差があっても怪我をさせずに引き離すことができるため、後々のトラブルを避けることができます。ぜひとも身につけてほしいです。

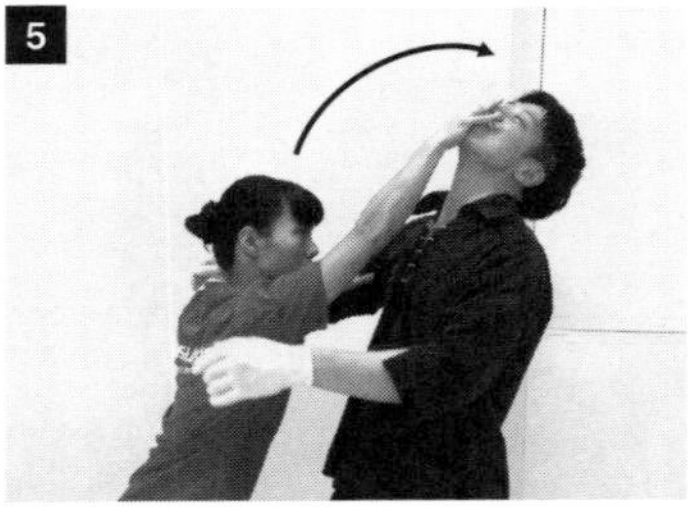

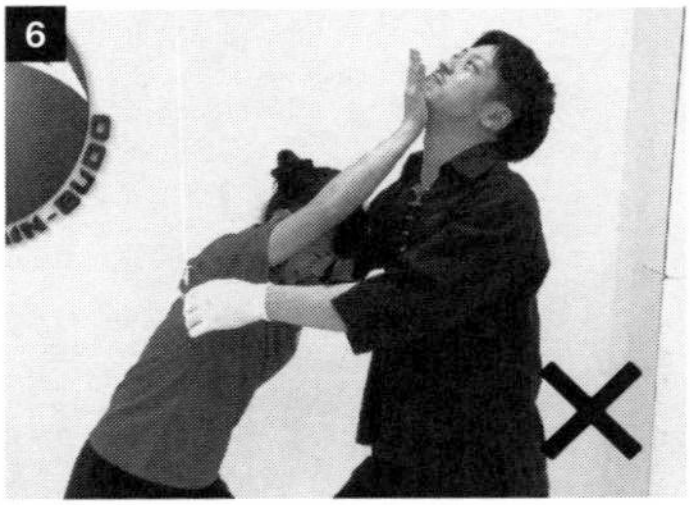

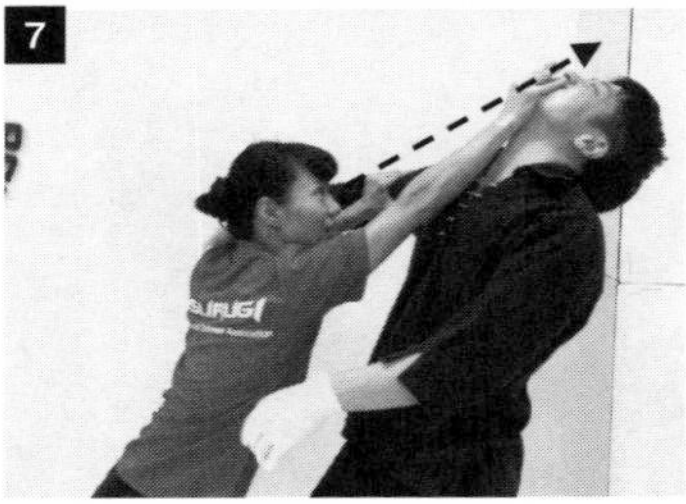

ポイント

・必ず「青眼の構え」をとること。抱きつかれた際の対処がしやすくなる。
・掌でやや弧を描くように押し上げることで、顔の向きを変えやすくなる（5）。
・体勢を崩す際に、下を見てしまう人が多いので注意が必要。人は視線の方向に力を集中させやすいため、自分の手や男性の顎を意識して見ること（6、7）。
・顔の向きを変える際、力を入れ過ぎると反発されるため、柔らかく力を加えること。
・顎に触れた手と反対側の手は、相手の腕を掴んで行うこと。

後ろから抱きついてきたら

胴体に抱きつかれた場合と、腕ごと抱きつかれた場合の二つの対処法を紹介します。どちらも人間の急所を狙った護身術であり、何度も検証を繰り返して生み出された実用的な方法となります。車で連れ去ろうとしたり、背後から痴漢行為をするなど、女性を狙った事件が起きています。しっかりと身につければ、そのような状況に陥った際、逃げられる可能性を格段に高めることができます。

さらに、普段見かけない不審車両が止まっている場合は、できるだけ離れて通行してください。道を聞かれても「この辺に住んでいないのでわかりません」と答えて速やかに立ち去りましょう。近年ではスマホで目的地を調べられます。道を聞かれることがあれば疑ったほうがいいです。もし不審な動きがあれば、車とは反対方向に走って逃げてください。また、歩きスマホは防犯意識や警戒心が薄い印象を与えるため、犯罪者のターゲットになりやすいです。人通りの少ない場所や夜道を歩く際には、歩きスマホはやめましょう。

後ろから胴体を抱きつかれた場合

① 拳を作り、中指の第二関節を突き出す形にする（1）。

② 突き出した部分で、相手の手の甲を連打する（2）。

③ 相手が激痛で手を緩めたら、振りほどいて離脱する（3）。

抱きついて後ろに引きずろうとしたり、持ち上げようとする場合もあります。抱きつかれた瞬間に重心を落としましょう。簡単には持ち上げられなくなります。

動画はこちら

ポイント

・この拳の形は「中高一本拳」とも呼ばれ、打撃力を一点に集中させることができる。小指と親指で他の指を支える形にし、中指をしっかりと固定することで強力な打撃を放つことが可能（4）。

・突きだした部分を手の甲に対して真っすぐに打つこと（5）。

・相手役がグローブを着用すると、全力で当てる感覚を確認しながら練習できる（6）。

4
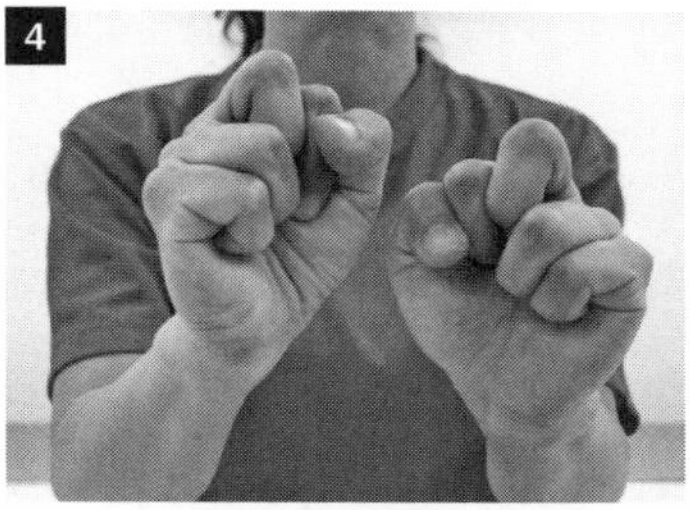

5
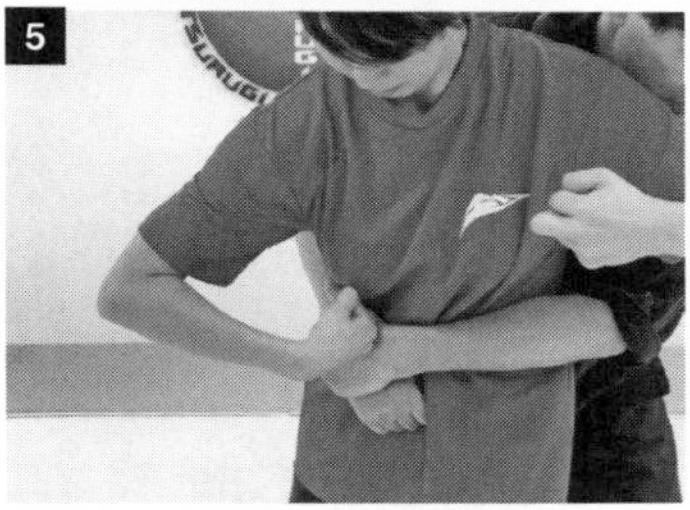

6

後ろから腕ごと抱きつかれた場合

① 相手の腕を両手でつかむ（7）。

② 身体を前屈みにして、相手の体勢を崩す（8）。

③ 踵《かかと》で相手の脛《すね》を連続で蹴る。威力を出すために、いったん足を前に出して蹴ること（9、10）。

④ 相手が激痛で手を緩めたら、振りほどいて離脱する。

動画はこちら

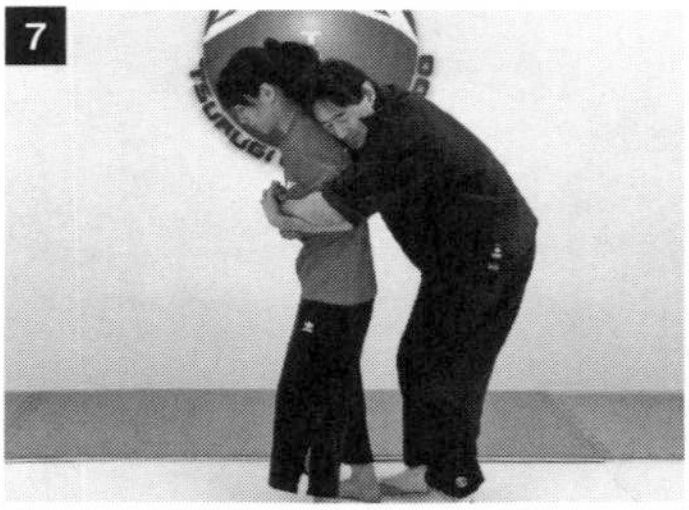

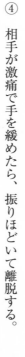

11

12

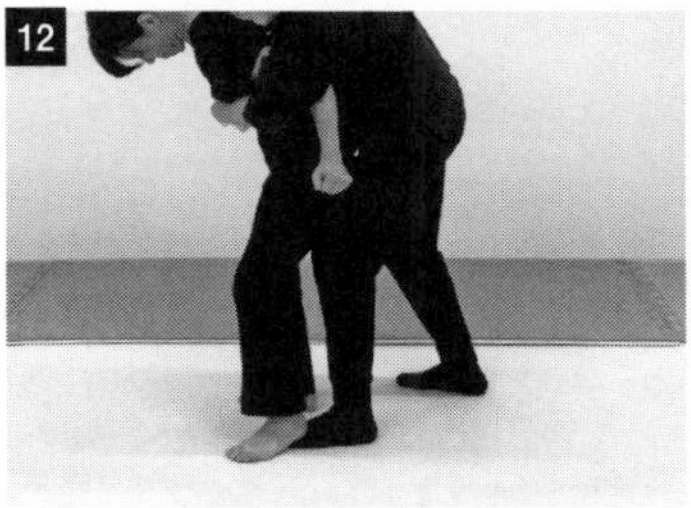

13

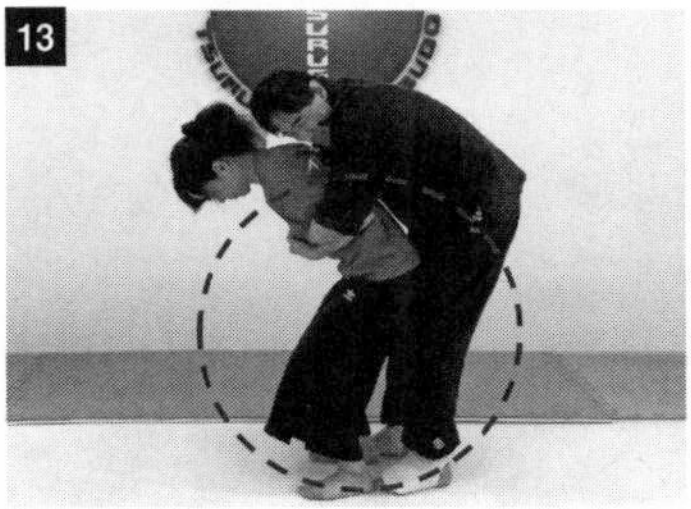

ポイント

・身体を前屈みにすることで、相手はバランスを崩して力を入れにくくなり、一方、こちらは体勢を整えやすくなる（11）。

・踵で足の甲を踏む方法は、相手が動いていると外しやすい。またブーツなど頑丈な靴を履いている場合は、あまり効果が期待できない（12）。

・相手役が脛サポーターを着用すると、全力で蹴る感覚を確認しながら練習できる（13）。

第 6 章

究極の護身術とは「人生の護身術」である

自信をもって強く生きていく方法

恐怖心はあなたを強くする最高の武器である

これまで、「真の強さ」、つまり**「困難な状況でしぶとく生き延びる、決して折れないしなやかな強さ」**を手に入れる方法を紹介してきました。

そこには、特別な才能も圧倒的な強さも必要ありません。実は、特別な才能や圧倒的な強さは、むしろ「真の強さ」の獲得を邪魔する〝足かせ〟になるかもしれません。

必要なのは「自分の弱さを受け入れること」――ここがスタートラインであり、だからこそ、「鉄のような強さ」を求める人たちでは立てない場所でもあります。

そして、求められる努力は、決して大きなものではありません。それは、レンガを一つ一つ積み上げていくような、小さな努力の積み重ねです。その小さな努力の過程で、やがて「累積効果」の力が働き、私たちは加速度的に成長していくことができるようになります。圧倒的な力で、強引に推し進め、短期間で結果を求めるやり方とは違うのです。

さらには、海外のヒーロー映画のように、どこか外からやってきた特別な力によって、スーパーパワーを得るというような話でもありません。それは、私たちの内に既に存在するもの、たとえば「恐怖心から生まれるポジティブな力」を有効活用する、という方法なのです。

第3章では、「恐怖心から生まれるポジティブな力」を利用する方法として「緊急時の呼吸法」を紹介しましたが、恐怖心が私たちに与えてくれる力は、実は計り知れません。この世界を追求すればするほど、改めて「人体の神秘」を感じざるを得ません。

私たちは身の危険に対して、恐怖心や緊張を感じますが、それ以外に、新しい経験に直面したときや、何かに挑戦するときにも感じることがあります。そのようなときに、逃げることなく立ち向かうことで、自分自身が成長していくことを十分理解していますが、それでも緊張で夜も眠れず、その日が近づけば近づくほど、恐怖ですぐにでも人は逃げ出したくなるものです。そこから逃げずにチャレンジできる人はとても強い人です。

しかし、自分の強さに確信が持てず、環境を変える勇気が持てず、「自分は大事なところで失敗してしまう人間だ」と思い込んでいる人は、なかなか挑戦する勇気が湧きません。

「緊急時の呼吸法」は、そういう人にこそ役立つものです。人生の新たな局面を迎え、緊張で鼓動が速くなり、恐怖で身体が震え、顔面蒼白になるような状況であっても、「緊急時の呼吸法」を活用すれば、不思議なことに、気持ちが落ち着いてくると同時に、「自分にもできる！」という勇気がふつふつと心の奥深くから出てきます。

たとえ自信が持てなくても、小さな一歩を踏み出し、少しずつでも小さな成功体験を繰り返すことが大切だと思います。ときに、上手くいかないこともあります。また、プレッシャーで「自分には無理なのでは？」と不安がよぎることもあります。そんなときに「緊急時の呼吸法」を活かしてほしいのです。すると、あなたのなかから「困難に立ち向かう強さ」が湧き上がってくるはずです。

そのときに、自分のなかに「眠っている力」に気づきます。「今まで自分には勇気もなく、何の力もないと思っていたけど、こんな力があったんだ」と感動します。

これぞ私たちに、もともと備わっている「力」なのです。

私たちは自分が思っているほどに小さな存在ではありません。もともと「偉大な力」を備えているのに、その存在を知らず、また、それを活かす方法を知らなかっただけなのです。

「緊急時の呼吸法」を活用すれば、新たな経験を繰り返し、挑戦をし続けていくことができます。その結果、あなたはどんどん成長し、人生を大きく飛躍させていくことができるのです。

主体的に生き、折れない心を持ち、負けない戦いをする

主体的な生き方

護身術を身につけるということは、「自らの力で自らを護ろうとする決意の表れ」です。つまり、他人や外部に依存するのではなく、また、ただ不安に怯えるのでもなく、自らの努力によって自らを護る「主体的な生き方」を選んだという証でもあります。あなたが本書を手に取り、身を護る方法を学ぼうとする行動は、そういう意味でも素晴らしいことだ

と思います。

主体的な生き方ができるということは、環境や他人の意見に惑わされず、「選択の自由」があるということ。**どんな出来事が起きようとも、何を言われようとも、それをどう受け取るかの選択は自分にある。それは、人生のハンドルを自分が握っているということを意味しています。**つまり、自分の運命を自分の手でコントロールする能力は、外部の問題から自分を護り、積極的な人生を送るための護身術となるのです。

『7つの習慣』（スティーブン・R・コヴィー著）には、「主体的な人は、自分のなかに自分の天気を持っている。雨が降ろうが、陽が照ろうが関係ない」とあります。まさにこのような心境のことを指すのではないでしょうか。

2 折れない心

私たちの人生は予測せぬ困難や苦難に出会うことがあります。それが大きければ大きいほど、乗り越えるには時間もかかり、心が折れそうになることもあります。前述した支部長に裏切られた事件では、元の状態まで戻るのに1年ほどかかりました。

このときに私を支えてくれたのが「折れない心」です。

緊張や恐怖心のポジティブな力を活かす「緊急時の呼吸法」と、困難に立ち向かう粘り強い心と身体を育む「一つになる呼吸法」によって「折れない心」が培われます。

その姿は、どんなに厳しい状況に追い込まれても、決して諦めず、生き残るためにあらゆる努力を惜しまない人です。しつこくしつこく食い下がり、じわりじわりと一歩でも前に進もうとし、ときに凹んでもすぐに立ち上がり、突き落とされても必ず復活し、最終的にはどんな困難も乗り越えてしまう人です。これらの呼吸法は、このような粘り強さを育てる助けとなります。

こういう人の行動は、しばしば静かで目立ちません。しかし、自己顕示欲の強い派手な目立ちたがり屋よりも、遥かに遠くまで行くことができます。

それに対して、「鉄のような強さ」を目指す人は、他人より優れていることを示したくなり、自分を過度に追い込みがちです。これは短期的な成果をもたらすかもしれませんが、長期的には心身の疲労を招き、Kさんのように、突如として心が折れてしまうリスクがあります。

「折れない心」は、派手さを求めず、小さな努力を継続していく「凡事徹底」を旨とします。その姿勢が、どんな困難に見舞われても、最後まで自分を助けてくれる「人生の護身術」となるのです。

そして「折れない心」には、「柔らかさ」という要素が含まれており、これは「日本刀」にも通じる話でもあります。

日本刀は「折れず、曲がらず、よく切れる」と言われます。

日本刀は「鉄」でできています。そして、鉄は「折れないこと」と「曲がらないこと」は本来両立しません。炭素分を多く含む鉄は、きわめて硬いのですが、脆く折れやすい性質があります。逆に炭素分が少ない鉄は、粘り気があり折れにくいのですが、曲がりやすい性質を持っています。

日本刀の凄いところは、この「硬い鉄」と「折れにくい鉄」の両方を用いて作っているところです。日本刀は真ん中に心金《しんがね》という軟らかく折れにくい鉄を用い、外側に皮金《かわがね》という硬くて丈夫な鉄を用いてます。

このように芯の部分が軟らかい（柔らかい）からこそ、「折れず、曲がらず、よく切れる」という奇跡が実現できているのです。この特性は、私が自分の団体を「剣護身術」と名付けた理由の一つであり、まさに先人の知恵なのです。芯の部分に「柔らかさ」を受け入れた日本刀の姿もまた、「真の強さ」の一つだと私は思っています。

3　負けない戦い

人生では、他人との競争など、多くの戦いに直面することがありますが、重要なのは、「勝つ」ことだけではなく、「負けない」ことも大切なのです。

負けない戦いとは、自分のペースを乱さず、状況に過剰に反応せず、どこを抑えれば負けないかを常に考えることです。たとえば、喧嘩の仲裁に入ったT・Fさんは、詰め寄ってくる体重１００キロ近い男性に対し、「パームガード」を使ってその動きを制し、落ち着くよう促しました。これは過剰に反応せず、どこを抑えれば負けないかを考えた行動で、結果的に男性と友人が親しくなるきっかけとなりました。

競争心は社会発展のために必要ですが、相手に勝つことにこだわり過ぎると、相手を蹴落としてでも出世したい、勝ちたいという欲が強くなり、結果的に周囲の人が離れ、人生の成功が遠のいてしまいます。

負けないとは、他を蹴落とすことではなく、自身の能力を最大限に発揮し、困難に立ち向かい、それを乗り越えることを意味します。そのためには、状況に過剰に反応せず、自分のペースを乱さないことが重要です。また、「負けない戦い」は他人との比較ではなく、過去の自分との戦いです。

つまり、**「負けない戦い」とは、他人と比較するのではなく、自分自身と向き合い、過去の自分を超えることで、人間関係も良好に保ちながら、積極的な人生を送ることができるのです。**

まさにそれが「人生の護身術」の核心部分です。自分を助ける、困難を乗り越える心のあり方、行動が備わっている人は、他人の評価や期待に流されることなく、自分らしい人生を歩めます。それを実現するには、自分を知り、受け入れ、鍛錬し、進化させ続けることが大切です。日常生活で、「主体的な生き方」、「折れない心」、「負けない戦い」を意識し、自分らしい人生を築き上げてください。これこそが、「真の護身術」と言えます。

また、人生の護身術を学ぶことは自分を高め、他人を尊重し、困難を乗り越えていくことで、**自分も他人も幸せになれる道**です。最終的には、人生の護身術を身につけることで、他人にとっても自分にとっても価値ある存在となり、豊かな人生を送れるのです。

身を護れるようになったあなたは世の中も護ることができる

本書では、気弱な人間が「真の強さ」を手に入れ、いざというときに、身を護る方法を紹介してきました。また、その方法論は、自分自身の人生の価値を高め、豊かに生きるための「人生の護身術」にもなることに触れました。

しかし、ここでもう少し踏み込んだ話をさせてください。

自分自身が成長し、強くなることは素晴らしいことです。しかし、「果たしてそれだけでいいのだろうか？」「自分が満足するだけでいいのだろうか？」と考える方も出てくるかもしれません。

そうです。自分自身が成長し、身を護れるようになったならば、次にするのは、他の人々を護り、助けること。そういう人も出てきてもいいのではないでしょうか。

我々はそういう人を「護《まも》り人《びと》」と呼んでいます。護り人とは、「人々を護る街のヒーロー」です。

と言っても、大きなことをする必要はありません。本書で紹介した護身術は初歩的なものが主ですが、それでも、その方法を他の人に教えることで、その人がいざというときに、身を護るきっかけになるかもしれません。それも、護り人の一つの仕事です。

本書を通じて得たものを、誰かのために役立ててもらえたなら、こんなに嬉しいことはありません。

もし、「さらなる成長を求め、世の中の役に立ちたい」と思われるなら、それはさらに喜ばしいことです。ＩＧＢＡ（国際護身武道連盟）では、そのような方々のための道があります。

あなたのような熱い思いを持った方が、ＩＧＢＡには全国から集まってきています。そして、専門的な知識と技術を総合的に習得し、「総合護身インストラクター」として、各地で活躍する方が増えています。

ＩＧＢＡの理念は、「ヒーロー（護り人）を育成し、人々の笑顔を守り、安全安心な社会を実現する」ことです。この思いのもと、ヒーロー育成機関として、人々を護る街のヒーロー「護り人」を各地に輩出しているのです。

総合護身インストラクターの活躍の場は多岐にわたります。学校プロジェクト（護身術の出前授業）、自治体、企業での講座スタッフ、地域の学校や職場での指導、剣護身術同好会を立ち上げての指導、一般向けの講座開催など、さまざまな方法で活躍しています。

また、護り人は、「人間成長の道」でもあります。ＩＧＢＡに参加し、護り人を目指して学び、努力している人々は、口をそろえて「人間として成長できる」と言います。

なぜなら、護り人は、予測困難な時代のなかで、人々を護り、導くリーダーとなるからです。

護り人の考え方とあるべき姿

ここで護り人の考え方と、あるべき姿について紹介します。

ー 護り人としての考え方「愛・知・反省・発展」

一つ目、「愛」を持って生きること。護り人は、人々を護る街のヒーローです。その根底には愛があります。人々に積極的に手を差し伸べるためには、愛の想いを深めなければなりません。

二つ目、「知」。知識を学び、知恵を深めること。ただ技術がある、ただ腕っぷしが強い、それだけでは多くの人を護ることができません。技術はもちろんのこと、専門的な知識を身につけなければなりませんし、さらに人間性を高めるためには、さまざまな書物を読み、人から学ぶことも大切です。

三つ目、「反省」。人は過ちを犯すものです。特にリーダーは、自分自身に間違いがあれば、素直に認め、修正する姿勢が大切です。また、知恵を学ぶ過程で、己の未熟さにも気づきます。そのたびに、自分自身を静かに見つめ、軌道修正していくことで、護り人としての純度を高めることができます。

最後に「発展」。日々磨いてきたものを、安全安心な社会の実現のために活かすこと。多くの人に「身を護る術」「生き抜く術」を伝えていくこと。そういう具体的な行動が、世の中に光を灯すこととなり、さらに自分自身を成長させる力となります。

そして、その「発展」は、また「愛」に戻っていきます。この「愛・知・反省・発展」のサイクルによって、護り人は限りなく成長し、活躍の場を広げていくことができるのです。

2　護り人のあるべき姿「鞘《さや》の内《うち》」

鞘の内とは、「いつでも斬れる技量を持ちながら、あえて刀を抜かずに争いをおさめること」を言います。実力がないから刀を抜かないのではなく、日々、技を磨いているからこそ刀を抜かないという発想です。

刀を抜いて相手を斬るのは簡単かもしれません。しかし、その方法を選ばず、言葉でもって、知恵でもって、人間性でもって、争いをおさめられたなら、なお素晴らしいことではないでしょうか。私はそこに大きな価値を感じるのです。

以上、護り人としての考え方やあるべき姿について紹介しました。護り人になるために特別な才能は必要ありません。ただ、「世の中の役に立ちたい」という強い意志さえあればできるのです。本書を機会に、あなたのできる護り人としての一歩を踏み出していただけることを心から願っています。

おわりに

本書を執筆するにあたり、私の人生のさまざまな出来事を思い出す機会となりました。中学生時代のいじめ体験、いじめ克服のために強くなると決意した日、自衛隊での訓練の日々、山籠もりで修行に明け暮れた日々、空手に情熱を注いだ日々、合気柔術を初めて見たときの感動、呼吸法との出会い、そして、秋葉原の事件をきっかけに護身術指導を決めたあの日、これら一つ一つの出来事は、一見バラバラに見えますが、しかし、それらすべてが「多くの人々に護身術を伝える」という一つの大きな目的に繋がっていました。

この一つの大きな目的を考えたとき、あなたがこの本を手に取ったことは、何かの意味があるのだと思います。

この本を手に取っていただき、本当に感謝しています。これも何かの縁だと感じています。護身術は、ただ身体を護るだけでなく、人生を生き抜くための力を育むものです。あなたの人生がより充実し、強く、自信に満ちたものになることを願っています。

現在、時代はインターネット革命から人工知能（ＡＩ）の時代に移行し、私たちの世界は急速に変化しています。新しいサービスが続々と現れ、生活はどんどん便利になってきました。しかし、一方で、どんな時代でも、私たちの本質は変わらないものです。

事件は依然として起きており、パワハラやいじめの問題は解消されず、存在しています。そのため、自分自身を護ることは、これからも変わらず重要なテーマとなります。本書が、その問題解決の一助となることを心から願っています。

また、本書で紹介した護身術は、私1人の力だけで作り上げたものではありません。数々の試行錯誤を重ねながら、私のトレーニングパートナーとして常に側にいてくれたスタッフ、新しいアイディアを提供してくれたメンバーや、女性に特化した護身術を考えた女性陣など、多くの人々の協力によって、今の護身術が形作られました。

さらに、護身術の普及活動に邁進してくれる各地の支部長やリーダー、総合護身インストラクターの皆さんの存在はとても大きいです。

いつも私を支えてくれる皆さんに、この場を借りて心からの感謝の意を表します。

最後に、本書の執筆にあたって、多くの視点から客観的なアドバイスを提供してくれた青春出版社の樋口博人さんに、深く感謝申し上げます。

2023年10月

ヒーロ黒木

著者紹介

ヒーロ黒木　国際護身武道連盟代表理事。剣《つるぎ》護身術代表。防犯護身コンサルタント。中学生時代にいじめを克服するために武道を始める。高校卒業後、自衛隊に入隊し、教育隊110名のなかで首席になり、精鋭部隊に配属。除隊後、空手の修行を経て、大東流合気柔術に入門。現在、大東流合気柔術師範。2008年6月に起きた秋葉原通り魔事件をきっかけに護身術を広めようと決意。2012年、剣護身術を設立。これまでに全国で護身術セミナーを300回以上行い、警察官や自衛官などの専門職から一般人まで、1万人以上に護身術を指導。本書は、非力な人でも気弱な人でもとっさに使える護身術をまとめた一冊である。

ラクにのがれる護身術《ごしんじゅつ》

2023年11月5日　第1刷

著　　者　ヒーロ黒《くろ》木《き》

発 行 者　小澤源太郎

責任編集　株式会社　プライム涌光
電話　編集部　03(3203)2850

発 行 所　株式会社　青春出版社
東京都新宿区若松町12番1号 〒162-0056
振替番号　00190-7-98602
電話　営業部　03(3207)1916

印刷　三松堂　　製本　フォーネット社

万一、落丁、乱丁がありました節は、お取りかえします。

ISBN978-4-413-23328-6 C0075